中学プログラミング

監修
北海道大学大学院情報科学研究科（情報科学）
教授　小野哲雄
　　　（お　の　てつ　お）

著者　蝦名信英
　　　（えび　な　のぶ　ひで）

サンタクロース・プレスLLC
http://www.santapress.me

警告
けいこく

- 本書に掲載されている製品名は、商標登録されているものがあります。
- 各社の商標登録されている製品名は、法によって守られています。
- 本書に掲載した文章、例題、解答例、キャラクターのすべては蝦名信英の著作です。無断でコピーしたり他の書物に転用することは法で禁じられています。
- パソコンを６０分以上連続して利用すると、健康被害になることがあります。VDTガイドラインに即してパソコンを利用してください。
- コピーライト ©Ebina Nobuhide

はじめに

　この本は、初めてプログラミングに取り組む若者と、その保護者の皆様に向けて書きました。もちろん、プログラミングって何だろう、と考えている読者の皆様、どなたにでもわかるように編んでいます。

　この本に書いてある内容は、プログラミングのスタンダード、つまり標準です。
　このため、この本のプログラム言語は、以前、高等数学で採用されたBASICです。BASICとフローチャートを通して、プログラミングとは何かを学びます。

　プログラミングは、数学から生まれました。
　しかしこの本では、数学が得意ではなくても、数学的な考え方や数値計算を通してプログラミングを学べるように配慮しています。

　また、プログラミングは、パソコンに向かってプログラムすることだけを指すのではありません。解決の道筋をつけたなら、どのようにプログラムに書き換えることができるだろう、という日ごろのトレーニングが必要です。

　この本は、何をトレーニングしたらいいか、というテーマを例題にして解説しています。

　パソコンでゲームを作ったり、科学技術計算をするためには、この本でプログラミングの基礎力をつけてから始めるのがいいでしょう。

　今の時代、ゲームを楽しむことはいいことです。
　しかし、それ以上に、ゲームをプログラミングすることは、もっと愉快に、人生を楽しむことができます。
　プログラミングをする人が増えれば増えるほど、世界は知的で平和になることを確信して、はじめのことばとさせていただきます。

平成29年9月　さくしゃ記す

もくじ

警告文（けいこくぶん）	…………	2
はじめに	…………	3
もくじ	…………	4
この本について	…………	6
あとがき	…………	169

Lesson1 プログラミング環境（かんきょう) ………… 8

 1の1 環境作り（かんきょうづくり） ………… 12

 1の2 BASIC ソフトの起動（きどう） ………… 19

 1の3 文字（もじ）とキーボード ………… 20

Lesson2 ダイレクトモードとテキストモード … 31

 2の1 ダイレクトモード ………… 32

 2の2 テキストモード ………… 35

Lesson3 フローチャート ………… 48

 3の1 フローチャート ………… 49

 3の2 フローチャートとプログラム ………… 53

 3の3 ファイル操作（そうさ） ………… 71

Lesson4 分岐命令（ぶんきめいれい） ………… 82

 4の1 分岐（ぶんき） ………… 83

 4の2 READ 命令（めいれい）と GOTO 命令（めいれい） ………… 92

| 4の3 | ループの定石 | ………………… | 99 |

Lesson5 ループ ………………… 112

5の1	FOR・NEXT型ループ	…………	113
5の2	WHILE型ループ	…………………	120
5の3	連立1次方程式の解法	…………	128
5の4	2次関数と2次方程式の解法	……	131

Lesson6 配列 ………………… 140

6の1	添え字操作と配列	…………………	141
6の2	和と最大値の練習	…………………	146
6の3	ソートの練習	…………………	150
6の4	多重ループと二元配列の練習	……	157
6の5	インタープリタとコンパイラについて	……	160

漫画『朋馬の魔法』
- ■「野沢朋馬　入門す！」の巻 ……… 8
- ■「一徹　砂糖水を語る」の巻 ……… 24
- ■「足し算で引き算をするの法」の巻 …… 44
- ■「魔法vsプログラミング」の巻 ……… 78
- ■「カンバーック　満」の巻 ……… 164

【付録】　フローチャート定規

この本について

　プログラミングの学習は、常に「できたか・できないか」の答えが明確です。例えば、まちがっている時にはパソコン画面にエラーの表示が出ますので、自分が理解できているかどうかがよくわかります。

　この本は、例題や練習問題に取り組みながら、プログラミングの基礎を学ぶことができるように構成しています。また、どのようなことでエラーになるのかも、詳しく解説しています。

　本の後半には、この本で学んだプログラミングが、どんなことに使われているか、将来どんなことに役立つのかについても触れています。

　プログラム言語には、BASIC、C言語、JAVAなどいくつかありますが、どんなプログラム言語でも共通して、『添え字操作と配列』の単元まで学ぶことで、プログラミングの基礎を身につけたことになります。

　Lesson 6 の『添え字操作と配列』は高等学校の学習内容ですが、この機会に挑戦してみてください。

プログラミング入門

環境作り／BASICの起動／文字とキーボード
ダイレクトモード／テキストモード

フローチャート
プログラミング
ファイル操作

この本の構成　　Lesson 1　　Lesson 2　　Lesson 3

この本を履修するために利用できる URL の紹介

■ この本の誤字・脱字の間違いを訂正するホームページ

　　http://www.santapress.me

■ BASIC ソフトがダウンロードできるホームページ

http://www.nicholson.com/rhn/basic/　MacOS とウインドウズの両方があります。
http://www.tbasic.org/　ウインドウズのみ
http://www.sagami.ne.jp/tadaka/99Basic/　ウインドウズのみ

中学卒業までの履修ライン　　高等学校の履修内容

分岐／READ と GOTO 命令／ループ

添え字操作と配列
※本書ではここまで

ファイルの読み書き
組み込み関数
他言語との比較
開発環境

Lesson 4　　Lesson 5　　Lesson 6

Lesson 1　プログラミング環境

野沢 朋馬 入門す！の巻

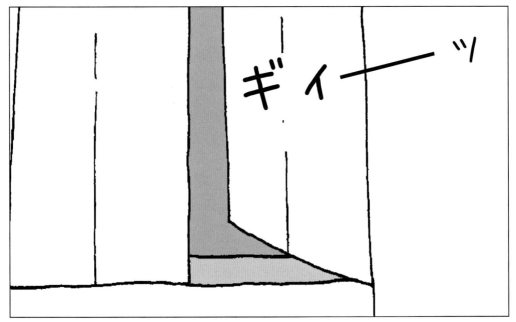

1 の1　環境作り

これからぼくが、入門に必要なツールを案内しよう。

Ⅰ　必要な道具を準備しよう

① 『中学プログラミング』の本（この本）

② 『フローチャート定規』

この本の付録に『フローチャート定規』がついています。

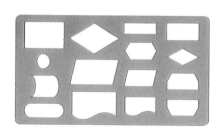

フローチャート定規

　カッターなどでビニール袋の上のラインを切り、袋を開けます。けがをしないように注意深くやろう。
　定規を取り出したら、油性マジックなどで定規に自分の名前を書いておこう。
　左の図のように見えるのが表です。

③ コーディング用紙・プロジェクト用紙

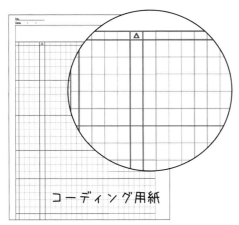
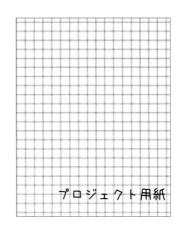

この用紙は、プログラムを書く専用の用紙です。

なければノートを代用してもかまいません。何度も書いたり消したりするので、厚手のじょうぶな紙の方がいいです。

④ 鉛筆またはシャープペンシル

⑤ 消しゴム

⑥ ちりとりとほうき（ミニ）

プログラムは、鉛筆やシャーペンシルを使って何度も書いたり消したりして試行錯誤しながら作っていきます。

消しゴムのカスもたくさん出ますので、たまったカスはちりとりで集めて、ゴミ箱にすてよう。

Ⅱ　パソコンに BASIC をインストールしよう

この本では、パソコンを使ってBASICを勉強するよ。パソコンは、ウインドウズとマックの2種類があるけど、どのOSでも古いパソコンでも、だいじょうぶ。とにかく稼働すればいいんだ。

ここからは、大人の人と一緒にやろう。

パソコンがウインドウズの場合

①パソコンがインターネットに接続されている場合は、ホームページを見ることができるマイクロソフト・エイジ（Microsoft Edge）かグーグル・クローム（Googl Chrome)を起動します。

Microsoft Edge

Googl Chrome

② URL を入力するフィールドに、BASIC がダウンロードできる URL を入力します。

ここに入力

または、ここに入力

99BASICを利用する場合は、フィールドに

　　http://www.sagami.ne.jp/tadaka/99Basic/

と入力したら下の図のような画面になります。

③「最新版ダウンロード」というボタンをクリックします。

ダウンロードが開始され、「qqbas119.lzh」というファイルが届きます。これを解凍したら「qqbas119」というフォルダができます。そのフォルダの中に「99BASIC.exe」ができていたらダウンロードとインストールは成功です（平成２９年８月10日現在）。※圧縮ファイル名やフォルダ名は、製作者の都合で変わることがあります。

左のフォルダができていたら、99BASICが解凍できて、稼働できる状態になりました。

ダブルクリックすると稼働します。

15

Chipmunk Basic を利用する場合は、フィールドに

http://www.nicholson.com/rhn/basic/

と入力します。

　この画面の中から、自分のパソコンに適合する BASIC を選択して、ダウンロードします。すると、w32cbas365b6 .zip という圧縮されたファイルがダウンロードされます。これを解凍して下の図のようなアイコンとファイルができれば成功です。ショートカット・アイコンにするなどして、使いやすくします。

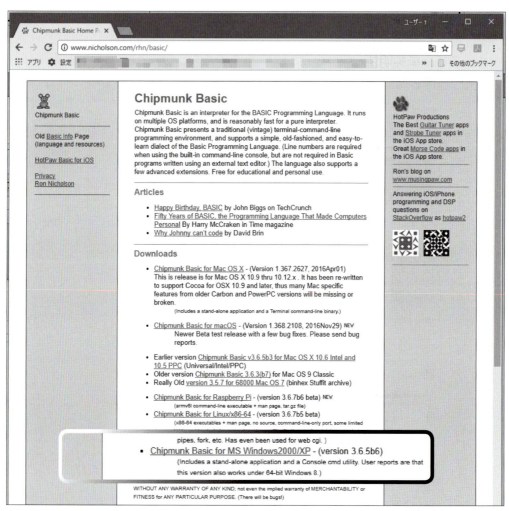

左の図は Chipmunk Basic が解凍できて、稼働できる状態です。exe ファイルが 2 つあります。どちらを利用してもかまいません。

ダブルクリックすると稼働します。

パソコンがマックの場合

①パソコンがインターネットに接続されている場合は、ホームページを見ることができるアップル社のサファリ（safari）かグーグル・クローム（Googl Chrome）を起動します。

Safari　　Googl Chrome

② URLを入力するフィールドに、http://www.nicholson.com/rhn/basic/ と入力します。マックの場合、フリーのBASICは、Chipmunk Basic以外にはないので、単純明快です。

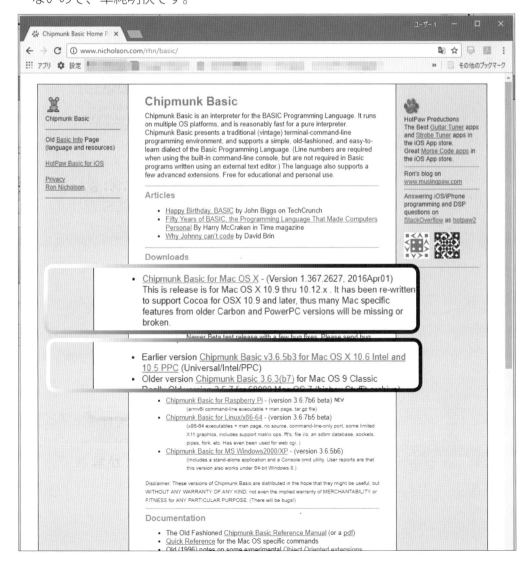

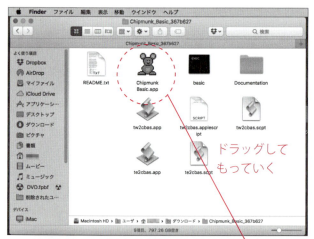

マック上で、Chipmunk Basic が解凍できて、図のようになったら、Chipmunk（シマリス）のアイコンをデスクトップのランチャーにドラッグして、使いやすくするといいでしょう。

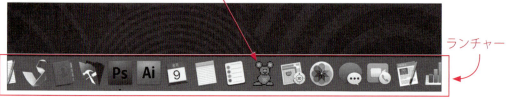

III 長時間のパソコン操作は、健康を害するよ

後美明子　（パソコン道場門下生）

目とパソコンのモニター面とは、90cm以上、はなれるようにしましょう。

椅子の足は5個以上のものを使い、頑丈でなくてはなりません。腕を疲れさせないためにも、できれば、椅子にひじかけがついているといいでしょう。

長時間モニターに向かっていると、腰痛、頭痛、肩こりの原因になります。連続してパソコン操作をするときは、50分間から60分間を目安に、10分間の休憩をとるようにしてください。

1の2　BASICソフトの起動

パソコンでBASICソフトを起動してみましょう。

ウィンドウズの場合

画面の下にある 99 または 🐭 のアイコンをクリックすると下の図のような画面が表示され、BASICソフトが起動します。最後の行にある白い長方形の記号は、カーソルといって、文字を入力する位置を指しています。

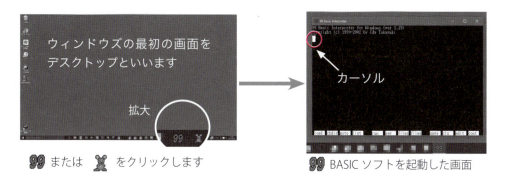

99 または 🐭 をクリックします　　　99 BASICソフトを起動した画面

マックの場合

画面の下にある 🐭 のアイコンをクリックすると、下の図のような画面が表示されBASICソフトが起動します。「＿」の記号はアンダーバーといって、カーソルと同じ意味で使います。最新バージョン10.12は、＞の記号のみですが、ここから文字を入力します。

バージョン10.6の画面

バージョン10.12の画面

1の3　文字とキーボード

　BASICソフトでプログラムするときは、必ず半角英数で入力します。これは、ウインドウズでもマックでも同じです。まちがって全角英数やひらがなで入力するとエラーになります。

> **memo**
> 慣れないうちは、半角英数になっていないことでエラーになることがよくあります。エラーになってもあわてずに、半角英数になっているかを確かめましょう。

　それでは、BASICソフトに文字や数字を入力するために、キーボードを半角英数に切りかえる練習をしてみましょう。

画面がウィンドウズの場合

　画面右下にある A または あ と表示されているところ（アイコン）を見つけてください。この表示が A のときは半角英数で、 あ のときはひらがなで入力できることを示しています。もし、 あ と表示されていたときは、マウスの矢印を あ に合わせてクリックすると A に切りかわり、半角英数で入力できるようになります。

WindowsXPの画面

Windows10の画面

クリックするたびに A → あ → A …と切りかわります。

■ キーボードを使って切りかえる方法

　キーボードの左上にある 半角英数 を押します。または、 Alt を押したまま 半角英数 を押すと、 A → あ → A と切りかわります。

Alt と 半角英数 のキーはどこにあるか、位置を確認しましょう。

WIndows「109」キーボードの表示です。

画面がマックの場合

画面の一番上にあるメニューバーの右端に A または あ のアイコンがあります。

あ ひらがな、または A 英字のところにマウスの矢印を合わせてクリックすると、右の図のように A 英字、あ ひらがな、ア カタカナがたてに表示されます。半角英数にする場合は A 英字を選択してクリックします。

■ キーボードを使って切りかえる方法

画面がマックの場合、キーボードによって2つの方法があります。

① Apple 専用日本語キーボードの場合は、英数 を押します。

② Apple US キーボード（WIndows「109」キーボードと同じ表示です）の場合は、Ctrl と Shift を同時に押したまま、「+ ; れ」を押します。

スペースキー

📋 キーボードの名称

キーボードの右側についている数字や計算の記号があるところを、**テンキー**といいます。数字入力専用のキーです。

キーボードの上の部分にある F1〜F12 のキーを、**ファンクションキー**（<u>F</u>unction）といいます。このキーにはプログラムが組み込まれています。

ファンクションキー　　　　テンキー

追加説明

パソコンでソフトを動かすことを**「起動する」**といいます。

カーソルの前にある OK の文字や「 > 」の記号は**「プロンプト」**といいます。カーソルやアンダーバーがピコピコと点滅しているのは、文字や数字が入力されるのを待っている状態です。その状態のことを**「レディ」(ready)** といいます。

memo

今日は、朋馬君にパソコン界で最も有名なことばを教えよう。

「一徹　砂糖水を語る」の巻

パソコンは、1980年にアメリカのカリフォルニアで誕生したんだよ。そのころ、アメリカ国民の若者のほとんどは、ベトナム戦争に反対して、ヒッピーの格好をしておった。

ヒッピーの姿

世界で一番最初にワンボックス・パソコンを作ったアップル社の社員たちも、その格好は例外ではなかった。

みなひげを伸ばし、長い髪をして、カメラの前ではピースをしておった。そのためアップルのパソコンが故障すると、みな口々に「ヒッピー・マシーンだからしょうがない」と言うようになり、悪いうわさが広まっていたのじゃ。

このようすを見てアップル社の社長マイクマークラは、アップル社の創設者であるジョブズにアップル社を一流の会社にするために、一流の社長に来てもらうよう命令した。この一流の社長とは、そのころ、ペプシコーラの社長で大統領候補にもなったジョンスカリーだったのじゃ。

マイクマークラ

こうしてジョブズは、ひげをそり、髪を整え、ジョンスカリーを説得するための準備をしたんじゃ。

ヒッピーをきどっていたジョブズ

ひげを剃って髪を短くしたジョブズ

一方のジョンスカリーは、最初は名もないペプシコーラの広告営業だったが、ライバルのコカ・コーラと飲み比べるというCMをヒットさせ、その年には倒産するだろうと言われていたペプシコーラ社を、たちどころによみがえらせ、黒字にしたのじゃ。その功績がたたえられ、アメリカの大統領候補として名を連ねていた、というわけじゃ。

ついに、ジョブズはスカリーの社長室のドアをノックしたんじゃ。

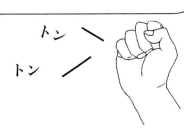

トン
トン

やあ。ジョブズ君
待っていたよ

2億人いるアメリカ国民には、2人はそれぞれに超有名人じゃった。ジョブズは、長者番付の雑誌フォーチュンの表紙を飾っておったし、ペプシコーラの社長は、毎日テレビで大統領候補として報道されていたのじゃからなぁ。

2人はおたがいに名乗って
あいさつを交わした。

「一徹 砂糖水を語る」の英語解説

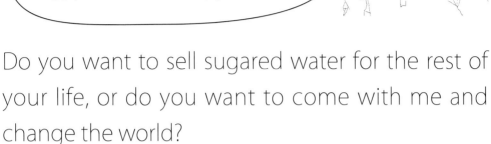

朋馬君！英会話に大切な文法が入っているよ。この機会にしっかりおぼえよう。

Do you want to sell sugared water for the rest of your life, or do you want to come with me and change the world?

Do you want to sell sugared water for the rest of your life,

　直訳すると、「あなたは、あなたの生涯の終焉まで、砂糖水を売りたいのですか。」「for the rest of your life」は、「あなたの一生の最後までに」の意味。life に対しての最後は rest を使うこと。end は「死ぬまでに」となって死ぬ直前までを意味する。end だと、「病床についているときでも ....」ということになるね。

　「sugared water」は、スカリーが社長をしているペプシコーラのような「砂糖が入ったジューズ類」を指している。きっと、このときのスカリーは、「砂糖水だと〜？、こいつ生意気な野郎だ。」と、一瞬でも感じたかもしれません。

　つまり、ジョブズはスカリーの功績に対して、砂糖水という挑戦的なことを初対面で言ったんだね。

　でも、疑問文は、「Do you want」で始まっているね。これを日本語にすると、「あなたは、〜をお望みでいらしゃいますか。」のような、ていねいな質問になる。

　一般的には、「Would you like 〜？」を使うことが多いね。こちらは「〜したいですか？」のような意味で、店員さんが、お客様に何かをすすめるような時に使う言い方だよ。

or do you want to come with me and change the world?

　次に続く「or」がしびれるね。スカリーがやっていることをいったんけなして、orで提案をしている。

　ここでもていねい文で「do you want to ～?」を使っていることに注目しよう。

　「come with me and change the world?」は、そのままだと「俺と一緒に来て、世界を変えようじゃないか」になるけど、do you want to ～?で始まっているので、「いかがでしょう、私と一緒にいらしていただき、世界を変えるというお考えはありませんか。」と聞いていることになるんだ。

　※ジョンスカリーの自伝では、ジョブズがビルの屋上に誘い出して、そこでこの話をしたことになっています。

Lesson 2

ダイレクトモード
と
テキストモード

　ここのレッスンでは、BASICソフトを起動して、数行のプログラムを作って実行するところまでを練習します。

　プログラミング特有の用語とともにおぼえよう。

2の1　ダイレクトモード

BASICには、**ダイレクトモード**と**テキストモード**の2つのモードがあります。はじめに、ダイレクトモードでBASICを経験してみましょう。ダイレクトモードを使うと電卓のように計算することができます。

> 22÷7　を計算してみよう

これを電卓で計算すると

2　2　÷　7　＝　と押して、答えは　3.1428…　と表示されます。

この計算をダイレクトモードで行うには、PRINT（プリント）という命令文を使います。キーボードを使ってやってみましょう。

---

① はじめに、キーボードが半角英数になっていることを確かめて、次のように入力します。

スペース・キー　　　　　　　　←スラッシュ・キー

もし、まちがって入力した時には、まちがえた文字の後ろにカーソルをもってきて Back Space キー（マックの場合は delete キー）を押して、まちがえた文字を消してから、もう一度正しく入力します。

② 正しく入力できたら、Enter キー または、return キーを押します。

③ 下の図のように、print 22/7 と書かれた次の行に、3.1428… と答えが表示されたら成功です。

※パソコン画面の背景色は黒ですが、この本では、白の背景に黒の字で書いています。

```
99   Basic Interpreter for Windows(ver1.19)
copyright(c) 1999-2002 by Ida Takayuki
OK
print  22/7
 3.14286
OK
```
ウインドウズ画面の表示

```
Chipmunk BASIC v3.6.6(b0)
>print 22/7
 3.142857
>
```
画面では小文字で表示されます

マック画面の表示

このようにダイレクトモードは、はじめに PRINT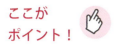
と入力した後ろに数式を入力すると、計算の答えが表示されます。

ここが ポイント！

> プログラムは、必ず半角英数で入力すること。
> PRINT の後ろには、必ず、スペースをいれること。
> PRINT 命令は、画面に表示する命令。

PRINT の後ろには、1つ以上のスペースをいれることが必要です。スペースをいれなければ、パソコンは、PRINT22/7 を一つの単語として見るため解読できなくなります。また、記述するときにはスペース・キーは△で書き表します。

例：　×　PRINT22/7

　　　○　PRINT △ 22/7

　　　○　PRINT △△ 22 △ / △ 7

　　　　　　　↑1つ以上であれば、2つ入れてわかりやすくしてもよい

まちがえて入力した時には

まちがえて入力した時は、前のページで書いたように Back Space や delete キーで、まちがえた文字を消して正しくもう一度入力します。

もう一つの方法は、まちがえて入力したままで、Enter や return キーを押すと、下の図のように Syntax error（シンタックス・エラー）というエラーメッセージが表示され改行されますので、もう一度、始めから入力してください。

例：print の後にスペースを入れなかったために、エラーになった場合

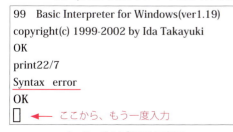
ウインドウズ画面の表示

マック画面の表示

ダイレクトモードで使う主なキー

キー	名称	機能	例
`+`	（プラス）	足し算する	［例］ 2＋3 → 2＋3
`-`	（マイナス）	引き算する	［例］ 9－6 → 9－6
`*`	（アスタリスク）	かけ算する	［例］ 5＊7 → 5×7
`/`	（スラッシュ）	割り算する	［例］ 8／5 → 8÷5

- `Shift` （シフトキー） 一緒に押すことで入力される文字が切りかわる
- `Enter` （エンターキー）
  `return` （リターンキー） 入力している内容の確定や改行するときに使う
- `delete` （デリートキー）
  `Back space` （バックスペースキー） 入力した文字などを消すときに使う
- （スペースキー） 空白を入力するときに使う

練習問題

→ 解答は各自

次の数式を、ダイレクトモードを使って計算してみましょう。
入力がまちがっていたら、エラーが表示されるよ。

① 123 ＋ 456　　② 456 － 123　　③ 258 × 46

④ 726 ÷ 51　　⑤ 12 － 6 × 7　　⑥ (12 － 6) × 7

⑦ 25 ÷ (345 － 12)　　⑧ 25 ÷ 345 － 12

※ （ ）のある計算式も、（ ）をつけてそのまま式を入力します。ダイレクトモードでは、（ ）の中を自動的に先に計算してくれます。

※ 「（」の記号は `Shift` キーを押しながら `8 ゆ` を押します。

　　「）」の記号は `Shift` キーを押しながら `9 よ` を押します。

2の2 テキストモード

ダイレクトモードがわかったら、次に、**テキストモード**を使って本格的なプログラミングに挑戦してみます。ここからは、本を読んでいるだけではわからないので、必ずパソコンで試しながら進めていきましょう。

> 22÷7 をテキストモードを使ってプログラムしてみよう

手順1　RUN 命令

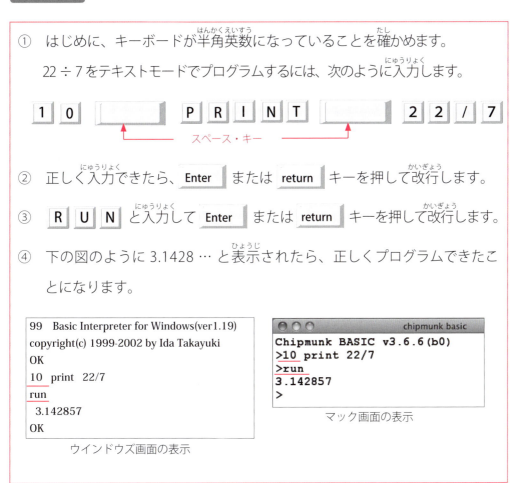

① はじめに、キーボードが半角英数になっていることを確かめます。
22÷7をテキストモードでプログラムするには、次のように入力します。

[1] [0] [　] [P] [R] [I] [N] [T] [　] [2] [2] [/] [7]
　　　　　↑スペース・キー↑

② 正しく入力できたら、Enter または return キーを押して改行します。

③ [R] [U] [N] と入力して Enter または return キーを押して改行します。

④ 下の図のように 3.1428 … と表示されたら、正しくプログラムできたことになります。

```
99  Basic Interpreter for Windows(ver1.19)
copyright(c) 1999-2002 by Ida Takayuki
OK
10  print  22/7
run
 3.142857
OK
```
ウインドウズ画面の表示

```
Chipmunk BASIC v3.6.6(b0)
>10 print 22/7
>run
3.142857
>
```
マック画面の表示

手順2　LIST 命令

続けて次のように入力してみます。

⑤ ［L］［I］［S］［T］［Enter］

すると下の図のように、1行目に入力したプログラムが、もう一度表示されます。

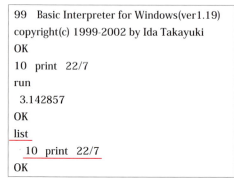
ウインドウズ画面の表示

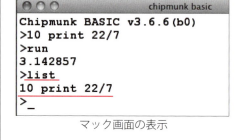
マック画面の表示

RUN は、パソコンに『入力したプログラムを実行しなさい』と命令をする単語です。このため 手順1 では、

　　　10 △ PRINT △ 22/7

というプログラムの次に RUN と入力すると、22÷7の計算が実行されて 3.142857 という答えが表示されます。

LIST は、『入力したプログラムを表示しなさい』という命令をする単語です。このため、手順2 では、LIST と入力すると、1行目に入力したプログラムがもう一度表示されます。

RUN や LIST のようにパソコンに命令する単語を、**コマンド（または BASIC 命令）**といいます。

プログラムの先頭に書かれた「10」を**行番号**といいます。この行番号はプログラムの順番を示しています。テキストモードのプログラムでは、必ず先頭に行番号を入力します。パソコンは、文の先頭に行番号があると、『その文はプログラム文である』と理解します。

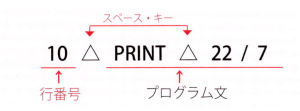

・・・

2行のプログラム

次は、2行のプログラムに挑戦してみます。
その前に、これまで入力したプログラムを削除するために、

N E W   Enter と入力します。

これで、前のプログラムは削除されました。確認のために、

L I S T   Enter と入力してみましょう。

LIST命令をしても、なにも表示されないことがわかります。

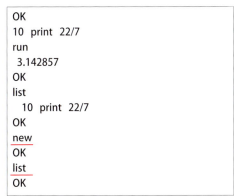

ウインドウズ画面の表示

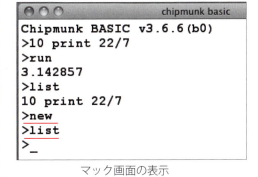

マック画面の表示

NEWは、『これまでのプログラムを消して、新しいプログラムを入力できるようにしなさい。』という命令です。

例題　次の2行のプログラムを入力してみましょう。

```
10  A = 123
20  PRINT  A
```

ここからは、スペースの記号△を書いていませんが、**単語と単語の間には、必ずスペースをいれることを忘れないようにしましょう。**

これを実行（RUN命令）すると、

　　123

と表示されるはずです。

格納

プログラム文の中にある「=」の記号は、代入のことで、数学でいうイコールとはちがいます。

プログラム文で書かれた　A = 123　とは
『Aの空き箱に、数値123をしまっておきなさい。』という意味です。

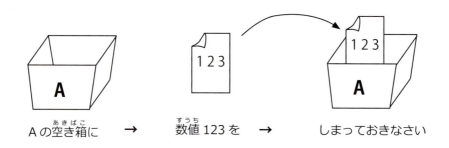

Aの空き箱に　→　数値123を　→　しまっておきなさい

このように『Aの空き箱に、数値123をしまっておく』ことを、数学では代入といいますが、プログラム文では**格納**といいます。

変数

Aのように、あるデータをしまっておく箱のことを**変数**といいます。格納するためには、必ず変数が必要です。

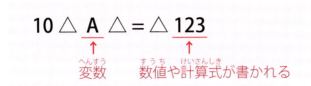

変数は、半角英数や記号、数字を組み合わせて自由に作ることができますが、次のようなルールもあります。守らないとエラーになり、プログラムは実行されません。

■ 変数を作るときのルール

- 英数記号を合わせて8文字まで。（ただし、BASICソフトによっては、8文字以上でもよいものもある）
- 変数名の最初の文字に数字を使うことはできない。
- 変数名にRUNなど、コマンド名を使うことはできない。

例： 〇 A1

〇 BOX01

〇 BOX_1

〇 A-1

× 1BOX 　　…最初の文字に数字は使えない

× sapporo_01 …8文字以上は使えない

× RUN 　　　…コマンド名は使えない

行番号

プログラムの順番を決めるのが行番号です。プログラムは行番号が小さい数字から順に、上から下へ向かって1行1行実行されます。

行番号は、1以上の整数（正の整数値）であればなんでもいいのですが、たいていは、10、20、30…、100、200、300…のように、10ずつ、または100ずつ増やしていきます。それは、プログラムを作るときに、追加したり削除したりすることが簡単にできるからです。このことはプラグラマの古くからの知恵として知られています。

例：　10　・・・　　　　　100　・・・
　　　20　・・・　　　　　110　・・・　← 追加のプログラム
　　　30　・・・　　　　　200　・・・
　　　　　　　　　　　　　300　・・・

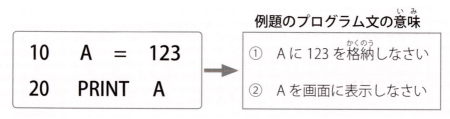

例題のプログラム文の意味
① Aに123を格納しなさい
② Aを画面に表示しなさい

```
10  A = 123
20  PRINT A
```

追加説明

プログラム文を追加したり削除したりすることを、『編集（エディット）』といいます。BASICの場合は、1行1行エディットするので、特にラインエディタ（Line Editer）といいます。

複雑なプログラムになると、命令文を試したり書きたしたりするようになります。どんな天才でも、1回でエラーなくプログラムを書き上げることは不可能です。

長いプログラムには、努力の跡を見ることができます。しかし、この努力の跡こそが、プログラムにとっての知的財産なのです。

例題 22÷7 の結果をAに格納して、Aを表示するプログラムを作ってみましょう。

プログラムは、次のようになります。

```
10   A  =  22 / 7
20   PRINT   A
```

このプログラムを実行すると、

3.142857

が表示されます。

変数Aには、22 / 7の計算結果が格納され、PRINT命令で、格納されていたAの値を表示するからです。

このように、「=」を境に、①右辺で計算した結果を ②左辺の変数に格納するという順序は、BASICばかりでなくプログラム言語、共通のルールとしておぼえておきましょう。

PRINT命令で使う文字の表記方法

PRINT命令には、「"」と「"」でくくられた文字を表示しなさい、という命令があります。

例：
```
10   PRINT   "Hello BASIC !"
```
と入力し、実行（RUN）すると

Hello BASIC !　　と表示されます。

```
10   PRINT   "A ="
```
と入力し、実行（RUN）すると

A =　　と表示されます。

「"」と「"」でくくられた文字のことを、**ラベル**といいます。

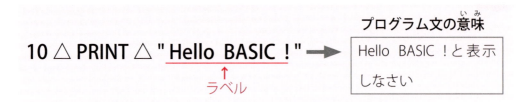

また、PRINT命令の中で「；」(セミコロン)や「，」(カンマ)の記号を合わせて使うことができます。

「；」は『すぐ後ろに続けて表示しなさい』
「，」は『スペースキー８個分をはなして表示しなさい』という意味です。

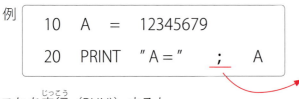

これを実行（RUN）すると

　　　　A＝12345679　　　と表示されます。

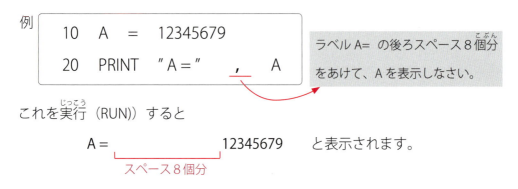

これを実行（RUN）すると

　　　　A＝　　　　　　12345679　　　と表示されます。
　　　　　　スペース８個分

例題 次のプログラムを実行すると、どのように表示されるでしょうか。

```
10  A  =   12345679
20  PRINT  "A="  ;  A  ,  "A*9="  ;  A*9
```

答えは、

```
A = 12345679            A * 9 = 111111111
```

と表示されます。

このプログラムは
① 変数 A に 12345679 を格納して、
② ラベル A = のすぐ後ろに続けて、格納されていた A の値を表示し、スペース 8 個分をあけて、ラベル A*9 = のすぐ後ろに続けて A × 9 の計算結果を表示しなさい。

という意味になります。

同じ例題を、3 行のプログラムで書いてみると次のようになります。

```
10  A  =   12345679
20  PRINT  "A="  ;  A
30  PRINT  "A*9="  ;  A*9
```

これを実行（RUN）すると

```
A = 12345679
A * 9 = 111111111
```

と 2 行に改行して表示されます。

「足し算で引き算をするの法」の巻

満さん。
コンピュータは足し算しか
できないって本当？

そうだよ。
世の中にあるコンピュータはすべて
足し算で引き算をしているんだ。

ガーん！

どうやるか、10進数の7－3で説明しよう。
最初に、足して10になる数を表にしてごらん。

1には9
2には8
3には7
4には6　　が足して10になる数
・
・
・

7－3の3を見て、表から足して10になる数7をもってくる。次に7＋7を計算する。答えは14だけど十の位の1は、ケタあふれで消すんだよ。すると4。

うぅ....
じゃ、2ケタは....

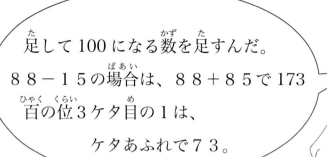

足して100になる数を足すんだ。
88−15の場合は、88+85で173
百の位3ケタ目の1は、
ケタあふれで73。

まけた！
ぼくの完全なまけだ。引き算を足し算でやるなんて、知らなかった...。

足して10になる数や100のことを、補数というんだ。プログラマならだれでも知っている。補数は常識なんだ。

Lesson 3

フローチャート

　少しだけのフローチャートとプログラムを書きます。
　その中でも、格納するということが、どんなことなのか。方程式の書き方に似ているけれども、プログラムの式が意味するところは、全くちがうということを理解しましょう。
　プログラムしようとすることを、一度フローチャートに描いてからプログラムを書く、という練習をしていきます。

3の1 フローチャート

フローチャートとは、四角形やひし形、矢印などでプログラムの手順を図に表したものをいいます。例えば、Lesson 2 テキストモード にある例題をフローチャートに書きかえてみると、下の図のようになります。

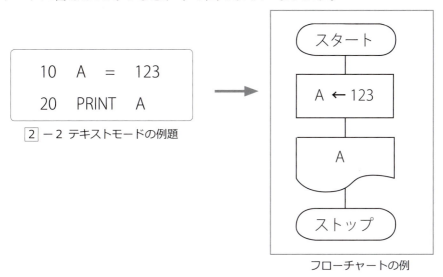

```
10   A  =  123
20   PRINT  A
```
2-2 テキストモードの例題

フローチャートの例

このように、プログラムをフローチャート記号を使って書いたり手順を考えたりすることを、『フローチャートする』といいます。

なぜフローチャートが必要なのか

プログラムをフローチャートすることには、次のようなメリットがあります。

- 考えや手順が整理できる。
- いきなりパソコンに向かってプログラムするよりも、紙に書くことで見通しをもつことができて、まちがいが少ないプログラミングができる。
- 実際に手で書き五感を使うことで、プログラミングがより深く身についていく。
- プログラムがわからない人にも、プログラムの内容や手順を説明できるようになる。

フローチャートを書くための準備

フローチャート定規

慣れないうちは、フローチャート定規を使って考えます。フローチャート定規はプログラムを考える上でのヒントになります。裏表を確認しましょう。

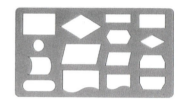

紙はコーディング用紙やＡ４サイズのノート

コーディング用紙やプロジェクト用紙はプログラムを書くための専用の用紙です。慣れるまでは、これらの用紙を使うことをおすすめします。

大きさは、できればＡ４サイズで、のびのびと大きく書いてみましょう。

えんぴつとけしゴム

えんぴつやシャープペンシルを使うといいでしょう。フローチャートは何度も書き直しますので、けしゴムのカス対策も必要です。

フローチャートを書くトレーニングをすることで、複雑なプログラムも解明することができるようになります。さらに、フローチャートはBASIC以外のプログラム言語でも活躍する優秀なアイテムなのです。

始めは慣れないかもしれませんが、何度でも練習してみましょう。

> **memo**
>
> プログラムを考えることをプログラミングといいます。
>
> フローチャートでプログラムを考えることは、パソコンに向かってプログラミングする時間を短くすることにもつながります。つまり、フローチャートで考えることは健康な身体にもつながり、これぞ一石二鳥です！

フローチャートの記号とルール

フローチャートは、いろいろな形の記号と矢印の組合せで書いていきます。

ライン （line） 基本はたて線

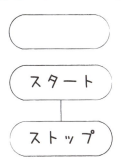

原則として、上から下にデータが流れていることを示しています。時間の流れではありません。

端子 （terminator） 角丸長方形

プログラムの開始と終了を示す記号で、フローチャートの最初と最後で使います。最初は「スタート」や「始まり」、最後は「ストップ」「エンド」や「終わり」という文字が入ります。

処理またはプロセス （process） 長方形

格納や計算式が入ります。格納は、テキストモードでは「＝」を使いましたが、フローチャートでは、「←」を使います。たとえば、変数Ａに１２３を格納する時は、Ａ←１２３または１２３→Ａと書いて、格納する方向に矢印が向くように表します。

入出力 （input／output） 平行四辺形

入力は、キーボードを使った入力で、変数に任意の数字や文字を格納することをいいます。プログラムではINPUT(インプット) 命令の時に使います。

出力は、PRINT命令のことで、パソコンの画面にプログラムの結果を表示させることをいいます。

※ INPUT命令は、この後に説明

出力 (output)

この図は、出力を強調する時に使います。印刷された紙がプリンターから出てくるイメージの形です。

変数 A に 22/7 の値を格納し、A を出力するフローチャートを書いてみましょう。テキストモードでは次のように書きました。

```
10   A  =  22/7
20   PRINT   A
```

フローチャートは、下の図のようになります。

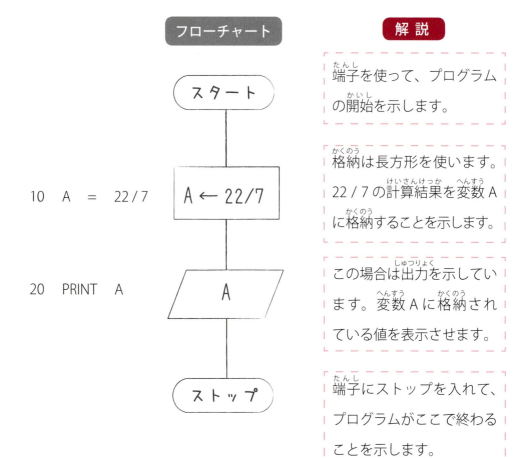

フローチャート

解説

端子を使って、プログラムの開始を示します。

10 A = 22/7   A ← 22/7

格納は長方形を使います。22/7 の計算結果を変数 A に格納することを示します。

20 PRINT A   A

この場合は出力を示しています。変数 A に格納されている値を表示させます。

端子にストップを入れて、プログラムがここで終わることを示します。

3の2 フローチャートとプログラム

REM命令

REM命令は、「何も実行しない」という命令で、コメント文（注釈文）を入れる時に使います。

プログラム文がREMで始まっている時、その行はコメント文（注釈文）を示し、パソコンはその行に書かれていることは無視して解読しません。

REM命令を使うことで、プログラマはプログラムの説明文やプログラム全体の章立てなどを書くことができます。

次のプログラムを入力してみましょう。

```
10   REM   ***** ex 1 *****      ← REM命令文。ex1は「例題1」の意味
20   A  =  22/7
22   PRINT  " 22/7 no keisan kekka "
30   PRINT   A
```

このプログラムをRUN命令で実行すると

```
22/7 no keisan  kekka
3.1428571
```

と表示されます。

行番号10はREM命令で、 *****ex 1***** というコメント文が書かれていますが、プログラムの実行結果には影響のないことがわかりますね。

🗎 プログラムに使う文字の書き方

　プログラミングする時に、いきなりパソコンに向かうのではなく、フローチャートに書きながら考えることが大事(だいじ)であることは、すでに書いたとおりです。
　でも、英数字(えいすうじ)には似(に)たような文字がいくつかあり、まちがいやすいため、書き方には次のようなルールがありますので確認(かくにん)しましょう。

アルファベット

数字

計算記号

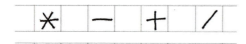

■　よく似ていて、まちがいやすい文字を確認しよう

※　0や0̄はどちらも上から書きます。

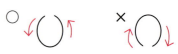

Z   2
↑   ↑
ゼット 数字の2
(ローマ字)

■ どちらの書き方でもよい文字

7 7   Q Q

   数字の7   ローマ字のキュー

■ REM命令の書き方

REM 〜 △EX-01△ 〜

　この手書き文は、REM命令でコメントを書くように指示する文です。手書きでスペースを入れる時は△の記号を使います。
　パソコンには下の図のように解釈して、プログラムを入力します。

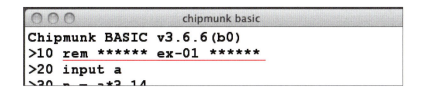

INPUT 命令

次のプログラムを入力して RUN 命令で実行してみましょう。

```
10    INPUT    A
20    PRINT    A
```

実行すると、「？」マークが表示されて、その横にカーソルが点滅しています。カーソルの点滅は入力をまっている状態なので、続けて 123 と入力して、Enter キーを押すと、123 と表示されます。

■ 実行結果

```
10    INPUT    A
20    PRINT    A
RUN
?  123
123
```

このように、INPUT 命令を実行すると「？」マークが出てきます。

この「？」は「数値を入れてください」という意味です。上の例では、「？」に続けて 123 と入力することで、変数 A に 123 が格納されたことになります。

INPUT 命令は、プログラムを一度中断して、変数への入力をまつ命令です。変数に格納される数値は、実数や整数であればどんな数値（任意の値）でも入力することができます。

このプログラムをフローチャートに書くと下の図のようになります。

フローチャート	解説
スタート	端子を使って、プログラムの開始を示します。
10 INPUT A → A(平行四辺形)	INPUT命令なので平行四辺形を使い、変数Aに任意の数値を格納します。
20 PRINT A → A(出力記号)	出力を示しています。入出力の平行四辺形を使ってもよいです。
ストップ	端子にストップを入れて、プログラムがここで終わることを示します。

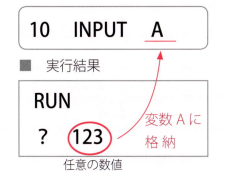

- INPUT命令をRUN命令で実行すると「?」マークが出る。
- 任意の数値を入力すると変数Aに格納される。

例題 1
次のプログラムを入力して、変数 A に 123、変数 B に 456 を入力して実行し、フローチャートも書いてみよう。

```
10    INPUT    A
20    INPUT    B
30    PRINT    A＋B
```

プログラムを入力し実行した後、「？」記号の後に、123 と入力し Enter キーを押します。

再び「？」記号が表示されますので。次に 456 と入力し、Enter キーを押します。579 と表示されたら成功です。

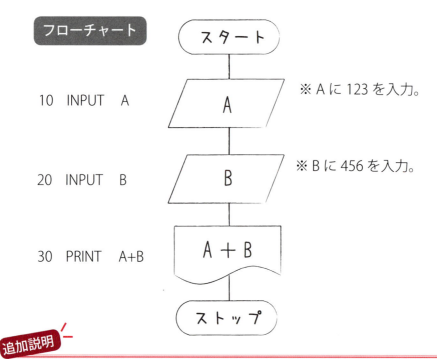

追加説明

　iNPUT　A　を実行すると、「？」記号が表示されますが、INPUT　"please ?"　, A と書くと、「please ?」(どうぞ、入力してください。) と表示されて、単なる「？」よりは、わかりやすくすることができます。

　INPUT の後に「"」ダブルクォーテーションでくくられた文字が入る時は、その後に、「 , 」カンマ または「 ; 」セミコロンを入れます。

例題 2 任意の数値を変数 N に格納し、変数 N と 3.14 を掛けた値を表示するフローチャートとプログラムを書いてみよう。

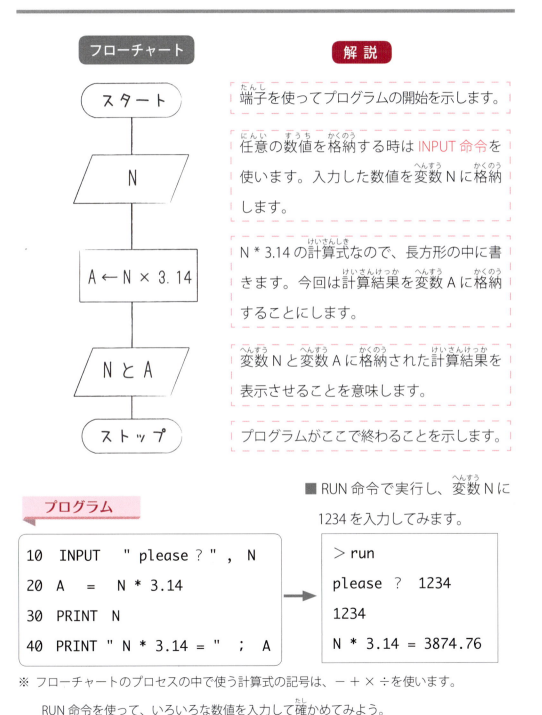

```
10  INPUT  " please ? " , N
20  A  =  N * 3.14
30  PRINT  N
40  PRINT " N * 3.14 = " ;  A
```

■ RUN 命令で実行し、変数 N に 1234 を入力してみます。

```
> run
please ? 1234
1234
N * 3.14 = 3874.76
```

※ フローチャートのプロセスの中で使う計算式の記号は、－ ＋ × ÷ を使います。

RUN 命令を使って、いろいろな数値を入力して確かめてみよう。

【例題2】を実際にプログラミングしてみると・・・

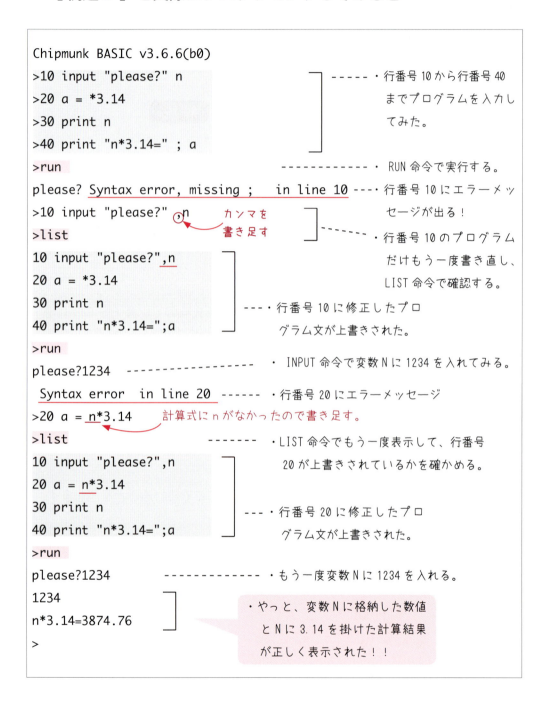

実際にプログラミングしてみると、BASIC は 1 行 1 行編集しながら進んでいくことがわかります。（このことをラインエディタということは、前に書きました。）

ここが
ポイント！

BASIC ラインエディタの使い方

- RUN 命令を実行したあと、プログラム文にまちがいがあるときには、

    Syntax　error　in　line　20　→　行番号 20 にエラーがある

    というように、まちがっている行番号を 1 行ずつ知らせてくれるので、その行番号のプログラム文 1 行だけ訂正します。

    ※何行もあるプログラム文全部を、最初から書き直す必要はありません。

- プログラム文を入力している途中でまちがいに気がついた時は、enter キーを押して改行する前であれば、delete キーや back space キーで訂正できますが、改行した後に、前の行番号に戻って訂正することはできませんので、もう一度、行番号から入力します。

- まちがいを訂正した後は、LIST 命令を使って、もう一度プログラム文を表示して確認するとよいです。

- プログラム文の行が多くなると、LIST　20 とか LIST　60 などと確認したい行だけを表示することもできます。

- 確認しながらプログラミングしていても、ささいなミスをしやすいものです。
    特に、　単語と単語の間には、必ずスペースキーを入れること
    　　　　「,」（カンマ）や「;」（セミコロン）などの記号の入力
    などは、まちがいやすいので、慣れるまではあわてずに一つ一つ入力することです。

「習うより慣れろ！」
の精神！じゃ。

値を2乗する方法

任意の値を2乗するためには、次の2通りの方法があります。
① 任意の値を2回掛ける方法　　例：3^2（3の2乗）　→　3 * 3
② べき乗記号「^」(カレット)を使う方法　　例：3^2　→　3 ^ 3

例題3　任意の数値を変数Xに格納し、2乗した値を表示するフローチャートとプログラムを書いてみよう。

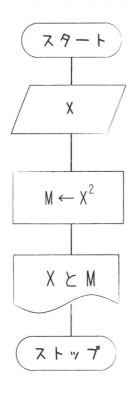

解説
端子を使ってプログラムの開始を示します。
任意の数値の格納なので、INPUT命令を使います。入力した数値は変数Xに格納されます。
処理を使って、今回はX^2の計算結果をMに格納します。
変数Xと変数Mに格納された計算結果を表示させることを意味します。
プログラムがここで終わることを示します。

プログラム

```
10   REM   **** 2jou kei san ****
20   INPUT  " please X ? " , X
30   M = X ^ 2
40   PRINT  " X    = " ; X
50   PRINT  " X ^ 2  = " ; M
```

- 行番号 10 に REM 命令でコメント文を入れました。（2乗計算）
- 行番号 40 と 50 には、ラベルを付けて表示しています。

■ 実行結果

```
>run
please x? 1234
x = 1234
x ^ 2 = 1522756
```

- RUN 命令で実行し、変数 X に 1234 を入力してみました。
- 変数 X と X を 2 乗した値が表示されました。

続けて・・・

```
>run
please x? 123456789
x = 123456789
x ^ 2 = 1.524158E+16
>
```

ん？この表示はなんだろう？

- RUN 命令で実行し、変数 X に 123456789 を入力してみるとどうなるかやってみました。

追加説明

1.524158E+16 は、1.524158×10^{16} という意味です。

大きな数字を表現するためには、10 の指数で表現します。

逆に小さな数 1/10000000 のようなときは、1.0×10^{-8} というようにマイナスをつけて表現します。

指数については今後、高等学校で学習します。

関数を使った計算

BASICやC言語などのプログラム言語でいう関数と数学で習う関数とは、意味が少しちがいます。プログラム言語でいう関数（function）は、あらかじめBASICソフトに用意されている**変換プログラム**（INT関数、SQRT関数、ABS関数など）のことをいいます。

たとえば、123.45という値を、INT関数に代入するには、

　　INT (123.45)　とプログラムします。**INT関数**は、整数値のみを取り出す変換プログラムなので、結果は、123という値が表示されます。変換して表示されることを「**返り値**」といい、**リターン**（return）ともいいます。

123.45のように関数に入れる数値（変換前の値）のことを**リザルト**（result）といいます。関数には、123.45のような実数を入力してもいいですし、INT(A)のように値が格納された変数でもかまいません。

この後、INT関数やSQRT関数など、関数を使ったプログラミングの練習をいくつかしてみましょう。

INT 関数　　INTeger（インテジャー）の略

数値の整数値のみを取り出します。

使い方は、**INT (数値または変数)** となります。

整数部　　小数部

[例]　INT (89.123) の結果は、89 です。
[例]　変数 X に 8.9 が格納されている時、INT (X) の結果は、8 になります。

※ INT(-8.9) のように数値にマイナスが付いている場合は、ソフトによって -8 と出力される場合と -9 と出力される場合があります。

例題4 小数第2位までの任意の正の実数を入力した時、整数部と小数部に分けて表示するプログラムを作ってみよう。少しむずかしいけど、INT関数を使うとできるよ。

例えば、3.14と入力した時、3の値と14の値に分けて表示できれば成功です。
3.14をINT関数に入れたら、3だけを取り出せるはず。
3.14から3を引いて0.14を求め、
100倍すると、小数部の14になります。
このことをフローチャートにまとめると

整数部　小数部

フローチャート

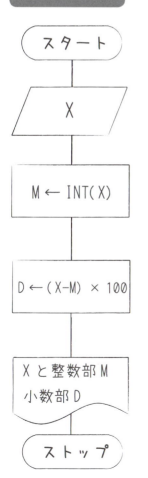

解説

任意の数値の入力なので、INPUT命令を使います。任意の数値をXに格納します。

INT関数を使って数値Xの整数値を取り出し、それを変数Mに格納します。数値の格納は長方形！

任意の数値から整数値を引くと小数だけが残ります。小数第2位なので100を掛けることで小数部だけを取り出せて、その数値を変数Dに格納します。

任意の数値Xと整数部M、小数部Dを表示させます。

フローチャートができたら、そのフローチャートを見ながらプログラミングしてみよう。

プログラム

```
10   REM   ***** ex 4 *****
20   INPUT  " please X ? " , X
30   M  =  INT (X)
40   D  = (X-M) * 100
50   PRINT  " X  =  " ; X
60   PRINT  "seisuu = " ; M , "syousuu = " ; D
```
（seisuu = 整数、syousuu = 小数）

完成したら、いろいろな実数を入力して試してみよう。

INT関数のこの問題は、プログラミングを考える上で一番最初の本格的な問題です。できなくても大丈夫。「そうやって解くんだ。」とおぼえておこう。

ここでは、変数Xに3.14を入力してみます。

■ 実行結果

```
>run
please x? 3.14
x = 3.14
seisuu = 3        syousuu = 14
```

> **memo**
> 整数を英語では integer といいますが、プログラミングの場合、整数を number(略して num)、小数を decimals(略して dic)と表すこともあります。
> 例題4の場合、Num= 3 Dic= 14 と書くこともできます。

次に、例題4のプログラムを修正して、「小数第3位までの任意の正の実数」に変更してみます。

例題4の変更

小数第3位までの任意の正の実数を入力した時、整数部と小数部に分けて表示するように、例題4のプログラムを変更してみよう。

プログラム　※例題4のプログラム

```
10   REM   ***** ex 4 *****
20   INPUT  " please X ? " , X
30   M =   INT (X)
40   D = (X-M) * 100
50   PRINT  " X = " ; X
60   PRINT  "seisuu = " ; M , "syousuu = " ; D
```

変更したいところは、行番号40のプログラム文です。100ではなくて1000に書き換えると、小数第3位の値に対応します。

行番号40だけを上書きすればいいので、「＞」やOKのプロンプトの後に、

40　D = (X - M) * 1000　と入力してreturnキー（またはenterキー）で、上書きされます（この本の61ページの「BASICラインエディタの使い方」に書かれているよ）。

完成したら、小数第3位までの数を入力して、整数部と小数部に分かれて表示されるか、確認しよう。

SQRT関数　　SQuare RooT（スクウェア　ルート）

数値の平方根を計算します。数学の√（ルート）のことです。

使い方は、**SQRT(数値または変数)** となります。**SQR(数値または変数)** でも同じです。BASICや他のソフトによってちがいがあります。

[例] SQRT(4) の結果は、2 です。
[例] 変数 X に 8.9 が格納されている時、SQRT(X) の結果は、2.983287 になります。

※ ( ) の中には正の数値が入ります。SQRT(0) は、0 です。マイナス値を入れると non というエラーが表示されます。

例題5　正の実数を入力したら、変数 X に格納し、2 乗した値、ルートの値、円周率（π）をかけた値の3つを算出するフローチャートとプログラムを書いてみよう。

2乗は、同じ数を2回かけてもいいし、「^」を使ってもできます。(【例題3】でも説明しているよ)

ルートは SQRT 関数を使えばできます。

円周率 3.14 は、pi という文字を入れたら自動的に 3.141593 という値が用意されているので、pi（パイ）を使ってみましょう。

【例題5】のフローチャートは、むずかしくないと思います。付録のフローチャート定規を使って、描いてみましょう。

また、フローチャートと同じようにプログラムの終わりを示すには、プログラムの最後に END と書きます。この例題から書いてみましょう。

フローチャート

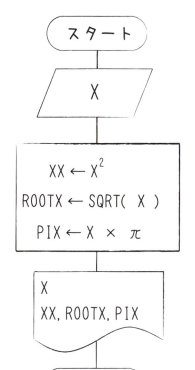

解説

任意の数値の入力なので、INPUT命令を使います。任意の数値をXに格納します。

Xの2乗はXXに、ルートXはROOTXに、円周率をかけた値はPIXに、それぞれ計算した結果を格納します。

変数を表示します。

プログラム

```
10  REM ****ex5*****
20  INPUT  "please X ? " , X
30  XX  =  X ^ 2
40  ROOTX =  SQRT ( X )
50  PIX  =  X * PI
60  PRINT  "X = ";   X
70  PRINT  "ROOT X = " ; ROOTX
80  PRINT  "PI X = " ; PIX
90  END
```

■ 実行結果

変数 X に、12345 を入力してみます。

```
>run
please X ?   12345
X= 12345
ROOT X = 111.108056
PI X =    38782.961309
```

ここが
ポイント！ 例題 5 までの新しいルールと心構え

- フローチャート定規を使って、フローチャートで手続きの方法を描いてからプログラミングをする。
- プログラム文の先頭には、REM 命令を使って、表題（コメント文）を書く。
- プログラムの最後は、END を入れる。
- フローチャートもプログラミングも、なれるまでは 1 回で完成しないので、ミスすることを怖がらないで何度でもトライすること。

3の3　ファイル操作

デバック

　何行もあるプログラム文の中から、目で追ってエラーがないかどうか確かめることを**デバック（debug）**といいます。プログラム文のエラーをバグ（虫）ということから、虫を捕る意味で「デバックする」とか、デバッキングという進行形でいうことがあります。

　フローチャートで一度考えてからプログラミングすると、デバックの数がぐ〜んと少なくなります。

プログラムの保管（保存）

　うまくできたプログラムや作成途中のプログラムを、ファイルに保存することができます。また、一度保存したファイルを読み込んで続きを作ったり、もう一度、実行して確かめたりすることができます。

　これは、ワープロソフトの文章を保存したり開いたりすること（オープンする）と同じです。

　作成したプログラムは、たとえ数行でも大切な知的財産です。保存したファイルを、必ずUSBなどの別のメモリーに保存するなどして管理しましょう。

　パソコンがこわれたりBASICソフトが動かなくなったりしても、修理やもう一度インストールすれば元に戻りますが、自分で作ったプログラムは、一度消えると決して元には戻りませんね。

　作ったプログラムをファイル保存することを「**保管**」とか「**セーブ（Save）する**」ともいいます。保管してあるファイルを呼び出すことを「**開く**」または「**ロード（Load）**」といいます。

BASICでは、メニューバーを使って保存や開くことができますが、コマンドを使ってもできます。

パソコン上で、自分で作成したプログラムや文章、写真を保存したり、他のメモリに移動してバックアップをとるなどの一連の作業を**ファイル操作**といいます。

ファイル操作は、パソコンの種類によって操作方法がちがいます。

この本では、MacOSとウインドウズ10を紹介していますが、読者の皆さんは、そのどちらかを練習するのではなくて、機会を見つけてその両方を練習してパソコンのファイル操作を身につけてください。

プログラムの保管方法

MacOSのBASICの場合

「例題5」のプログラムを保管するためには、次の2つの方法があります。

（1）メニューのSave As....（...として保存する：「別名で保存」も同じ）を使って保管する方法

（2）SAVE命令を使って保管する方法

（1）メニューのSave As...を使う方法

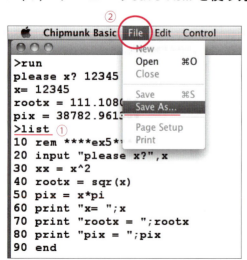

① 作成したプログラムがあることを、LIST命令で確認します。

② メニューのFileからSave As...を選び（左の図を参照）、クリックします。

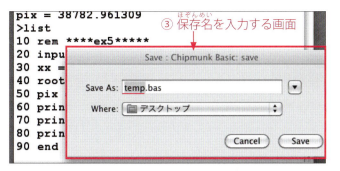

③ 左の図のように、ファイルに名前を付けて保存する画面にかわります。

「Save As:」の temp の文字のところに、プログラムを保存する名前、例えば ex5 と入力します。どんな名前でも新しい保存名の後ろには必ず、.bas をつけてください。

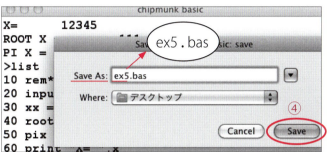

④ 「Save」ボタンをクリックすれば、BASIC ソフトの画面には、下の図のように Save As... で保存したファイルの保存場所が表示されます。

```
90 end
>list
10 rem ****ex5*****
20 input "please x?",x
30 xx = x^2
40 rootx = sqr(x)
50 pix = x*pi
60 print "x= ";x
70 print "rootx = ";rootx
80 print "pix = ";pix
90 end
>saved /Users/basicdewakaru/Desktop/ex5.bas
```

└─ ファイルが保存されている場所

⑤ 左の図のように、デスクトップに新しく「ex5.bas」という名称のファイルができていたら、データの保存は成功です。

（2） SAVE命令を使って保管する方法

```
>list ①
10 rem ****ex5*****
20 input "please x?",x
30 xx = x^2
40 rootx = sqr(x)
50 pix = x*pi
60 print "rootx = ";rootx
70 print "pix = ";pix
90 end
>save "ex05.bas   ②
>
```

① 作成したプログラムがあることを、LIST命令で確認します。

② プログラムが表示されたら、save " ex05 . bas と入力し、returnキーを押すと保管されます。

③ 保管したファイルは、デスクトップにあるか、またはBASICソフトのフォルダに保管されます。
　メニューを使って保管した時と同じように「ex05.bas」という名前のファイルが新しくできました。

SAVE命令を使ってプログラムファイルの保管をする時は

SAVE　"ファイル名.bas　と入力。

ファイルが迷子になった時は、検索フィールドに見つけたいファイル名を入力して探します。

> **memo**
> ファイル名の後に書かれている「.bas」のことを、拡張子といいます。
> 拡張子はファイルの種類を示す記号です。basの部分はファイルの種類によって変わります。どのソフトから生まれたファイルなのかが、パソコンに分かるように取り決められています。

ウィンドウズ10のBASICの場合

「例題5」のプログラムを保管するためには、次の2つの方法があります。

> （1）ファンクションキーにあるF9キーのSaveを押して、ファイル名を入力し保管する方法
> （2）SAVE命令を使って保管する方法

ウインドウズ系のパソコンは、MacOSのようにメニューやマウスを使うというアイディアがなかったので、キーボードにファンクションキーというのを作って、コマンドを簡略化する道を選びました。

（1）ファンクションキーのF9を使う方法

下の図のように、99 BASIC画面の下にある「load」や「chdir」はそれぞれ、F1、F2のファンクションキーと対応しています。「save」はF9と対応していて、ファイルを保存する命令になります。

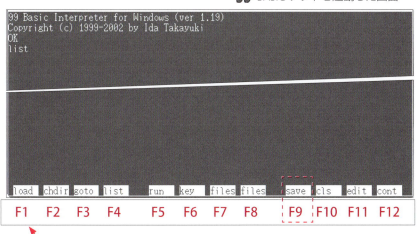

99 BASICソフトを起動した画面

画面の記号と対応しているファンクションキー

```
list
10 rem ****ex5*****
20 input "please x?",x
30 xx = x^2
40 rootx = sqr(x)
50 pix = x*pi
60 print "x= ";x
70 print "rootx = ";rootx
80 print "pix = ";pix
90 end
OK
```

① 左のプログラムはF4を押してlistを表示させたところです。

　listと対応しているF4を押して、enterキーを押してみましょう。作成したプログラムが表示され、プログラムがパソコンにあることが確認できます。

　このようにファンクションキーを押すと、キーボードを使って入力するのと同じように、キーと対応している文字が表示されます。

```
list
10 rem ****ex5*****
20 input "please x?",x
30 xx = x^2
40 rootx = sqr(x)
50 pix = x*pi
60 print "x= ";x
70 print "rootx = ";rootx
80 print "pix = ";pix
90 end
OK
save "test
```

② プログラムがあることを確認したら、次にF9のファンクションキーを押します。

　すると、save と表示されますので、続けてスペースキーと "ファイル名（今回はファイル名をtestとします）を入力します。

SAVE　"ファイル名

```
list
10 rem ****ex5*****
20 input "please x?",x
30 xx = x^2
40 rootx = sqr(x)
50 pix = x*pi
60 print "x= ";x
70 print "rootx = ";rootx
80 print "pix = ";pix
90 end
OK
save "test      ← ここで enter
OK                 キーを押す
```

③ save "test と入力した後、enter キーを押すと、改行して OK が表示され、ファイルが保管されたことになります。

保管されている場所は、99BASIC のフォルダと同じ場所にあります。99BASIC の拡張子は「.b99」です。

99 フォルダの中に「test.b99」というファイルができていたら成功です。

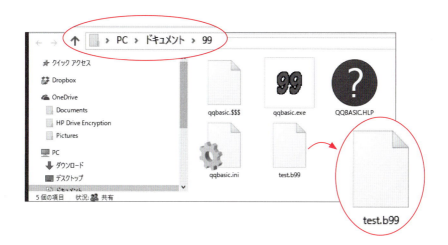

(2) SAVE 命令を使って保管する方法

① 作成したプログラムがあることを LIST 命令で確認します。

② OK がでて改行されたら、キーボードで、SAVE "ファイル名(今回は test)を入力し enter キーを押すと、(1)の時と同じように、99 フォルダの中に「test.b99」というファイルができます。

「魔法 vs プログラミング」の巻

パソコンは、アメリカと日本とで売り上げをのばし、たちどころに広がっていった。アップル社は、もっと新しい革新的なパソコンを作ろうと、がむしゃらになっていたときじゃ。

　カリフォルニア大学サンディエゴ校でコンピュータ・サイエンスの助教授をしていたジェフ・ラスキンは、その学校をやめてパソコン塾を開設していたんじゃ。その時のパソコンがアップルⅡだったこともあって、1978年、アップル社のジョブズとウォッズは彼に会いに行ったとき、その場でラスキンと彼の会社を丸ごと買収し、アップルコンピュータの社員にやといれたんじゃ。
　ラスキン！彼こそは、**プログラミングは現代の魔法である**ことを広めた最初の人だったんじゃ。
　彼のおかげでアップル社のパソコンのマニュアルは充実し、エクセレントと評価され、わかりやすい用語と説明をするようになったんじゃ。
　ところで、ジェフ・ラスキンの弟子がビル・アトキンソンじゃよ。

アトキンソンは、師の教えを守って、パソコンで魔法が使えるように、いくつもの発明をしたのじゃ。

一番有名なのが、マックの画面回り。

マウスボタンをクリックしてファイルを移動することや、ごみ箱、メニューバー、フォルダを作ったのも彼の発明じゃ。

アイコンは、ラスキンのアイディアじゃったが、アトキンソンが実現したんじゃ。

若い時の
ビル・アトキンソン

ハイパーカードのビル・アトキンソン

マッキントッシュ・プラス

マッキントッシュで動いたハイパーカードというソフトもアトキンソンの作品じゃよ。

最初アップル社は、ハイパーカードを無料で配布することに何のおとがめもしなかったが、すごいソフトだと分かると、無料で配布することを禁止したのじゃった。

しかし彼は、アップル社の幹部にないしょで、"おまじない"を埋め込んだんだ。その"おまじない"とは、メッセージフィールドに「magic」というワードを入力すると、制限なく使えるというものじゃた。

「magic」こそは、ラスキンの教えそのものを実現した瞬間だったのじゃ。

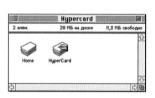

「ニュートン」
※ iPhon の前身

その後も、アトキンソンの魔法ツールはさえにさえ、iPhoneの前身であるニュートンを作り、そこで動かすソフトの土台を作ったのじゃった。

ニュートンの操作方法やアイコンは今の iPhone、iPad の操作方法やアイコンと、ほとんど同じだということがわかるじゃろう。

よい機会なので、ラスキンが指摘した魔法とプログラミングを比較してみることにしよう。

「魔法」vs「プログラミング」

【魔法の道具】
魔法の箒（音速のものがあるらしい）
魔法の杖（ピンからキリまであるらしい）
魔法の絨毯（主にアラビア地方で使用）
魔法のランプ（日本でも使用）
たくさんの呪文

【プログラミングの道具】
フローチャート定規
パソコン（古かろうと、起動すればいい）
ソフトウェア（開発用のエディタなど）
iPad、iPhone（端末やデバイスともいいます）
インターネット環境
そして「中学プログラミング」などの本

すてきで、かっこいい魔法

【魔法の実行】
派手なので、人の前では絶対に実行してはならないらしい。
悪の魔法使いと戦うことがある。
書籍、絵本、映画やアニメで広く普及した。

実行はいつもRUN…地味だ。

【プログラミングの実行　RUN命令】

魔法から見ると地味。

アプリケーションとして普及。

悪と戦うアプリやロボットはまだ製造されたことがない。

プログラミングを主体とした小説、絵本、アニメはない。広くは普及していない。

魔法学校があるらしい

エラーとの闘い

【魔法の失敗】

たぶん黒い煙……。

【プログラミングの失敗】

シンタックスエラー

無限ループ

ロジックエラー

警告

未納・未完成

プログラマの逃亡・脱走

Lesson 4

分岐命令

　分岐は、サッカーでいうならボランチのことです。「人生の分岐点」というくらい、分岐は重要なポジションです。

　基本的にコンピュータは、2つのことを比較する以外に、分岐させる方法は持ち合わせていません。2つの比較を使って、たくさんあるデータから、見つけたいデータを振り分けます。

　分岐がわかれば、これまでのプログラミング技術を使って、少しは魔法として使うことができます。

4の1 分岐

『このクラスの中に「窓　満」という名前の人はいますか』というような問いをプログラミングでは、**条件式**といいます。

他にも、「100は101よりも大きいですか」とか、「後美明子さんの結婚前の名前は、星さんといいますか」という問いも条件式です。

このような条件式が、正しいか、正しくないか判断する命令のことを**分岐命令**といいます。誰に向かって、正しいか正しくないか聞いているのかというと、パソコン（コンピュータ）に向かって聞いています。

ただし、皆さんが持っているパソコンは、数値を比較する条件式に答えることは得意ですが、「後美明子さんの旧姓は、星さんといいますか」というような問いに答えることはできません。そのような問いに答えるのは、データベースや人工知能という分野が解決することになります。

分岐を示すフローチャート記号と書き方

フローチャートで分岐は、ひし形を使って表現します。
ひし形の中に条件式を書いて、最後は「か」を書き加え疑問文にしておきます。

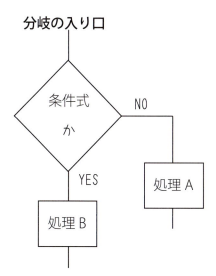

条件式が正しい時は「YES」と書いて分岐（ひし形）の出口からラインを伸ばし、正しい方の計算や格納などの処理を行うようにします。条件式が正しくない時は「NO」と書いてラインを伸ばし、正しくない方の処理を行うように導きます。

左の図は、スタンダードな分岐のフローチャートです。YESとNOは、どちらに書いてもかまいません。

練習問題

【1】 条件式は『このクラスの中に「窓　満」という名前の人はいますか』にしてみましょう。

「いる」場合は、「窓満さん、あなたにファンレターが来ています。」と伝えます。

「いない」場合は、隣のクラスに移動する。

ということをフローチャート定規を使って、ノートにフローチャートしてみましょう。条件式の文が長いので、「窓満いるか」でいいでしょう。

【2】 条件式は『変数Aに格納した値は、100より大きいか』にしてみましょう。

「100より大きい」場合は、「Error DATA」を表示します。

「100以内」の場合は、「Reguar DATA」を表示します。

ということをフローチャート定規を使って、ノートにフローチャートしてみましょう。

練習問題1と2の解答例は、P87～P88にあります。

何度も練習して、解答例を見なくても同じようにフローチャートを描けるようにしよう。

追加説明

皆さんのパソコンには、データベースが入っていないので、この本で扱う条件式は、数値計算になってしまいます。データベースを使った条件式のことを、「検索」とか「絞り込み」というのでおぼえておこう。

データベースは、別の機会に説明します。

分岐命令 IF

分岐命令をプログラムに書くときの基本文は、次のようになります。

IF（条件式）THEN　処理A　ELSE　処理B

これは、もし条件式が正しければ（YESの時）処理Aを実行し、もし、条件式が正しくないならば（NOの時）処理Bを行いなさい、という意味です。

次のフローチャートは、2つの値を入力して、先に入力した値を変数Aに格納し、次の入力をした値を変数Bに格納し、AとBを比較して、大きい方を表示するものです。

フローチャート

スタート
↓
A
↓
B
↓
A＞Bか
　YES → Aは大
　NO → Aは大ではない
↓
ストップ

解説

変数Aに格納されている値と変数Bに格納されている値を比較する条件式は、A＞Bとします。
もしも、A＞BならばYESの方へ進み「Aは大」を表示します。
もし、そうでなければ、NOの方へ進み「Aは大ではない」を表示します。

プログラム　※分岐の部分

```
IF ( A > B )
    THEN   PRINT A;">";B
    ELSE   PRINT A;"<=";B
```

IF 命令は、次のパターンのどれかを使って書きます。

IF （条件式） THEN プログラム命令

　条件式が YES だったときのみに、プログラム命令を実行させるときに使います。NO のときは無視されて次の文番号の命令を実行します。

IF （条件式） THEN 命令 A　ELSE　命令 B

　条件式が YES のときはプログラム命令 A を実行し、そうでないとき（NO のとき）はプログラム命令 B を実行します。

IF （条件式） THEN 命令 A　ELSE　命令 B　ENDIF

　IF 文の最後に ENDIF 命令を書いて、IF 命令がどこからどこまでなのかを示し、ELSEIF を使って 2 つ目の条件式を判別する方法があります。これをブロック IF 文といいます。この本では、取り上げていません。

条件式のルール

条件式には、2 つの値を比較する式が入ります。

A > B　　　変数 A に格納されている値は、変数 B に格納されている値より大きいか

A < B　　　変数 A に格納されている値は、変数 B に格納されている値より小さいか

A <= B　　 変数 A に格納されている値は、変数 B に格納されている値以下か

A >= B　　 変数 A に格納されている値は、変数 B に格納されている値以上か

A <> B　　 変数 A に格納されている値は、変数 B に格納されている値と異なるか

A = B　　　変数 A に格納されている値は、変数 B に格納されている値と等しいか

追加説明

　パソコンは、2 つの値しか比較ができません。3 つ以上の値を同時に比較して、判別する方法をもっていないので、データが 7 つくらいの中から、一番大きい数を見つけ出すような場合は、プログラムする時間を含めると、パソコンよりも人の方が早く見つけられます。

　でも、数千、数万の中から最大値を見つけ出す場合は、パソコンにかないません。

分岐の練習問題1の解答例

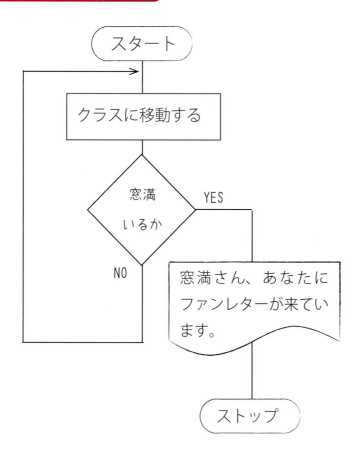

　プログラムが戻るときは、矢印を書いて上の図のように戻します。後で学ぶGOTO命令のところでくわしく解説します。

　「窓満さん、あなたにファンレターが来ています。」と伝えることを出力と考えるか、処理と考えるかは、はっきりさせることはできませんが、人の行動や判断したことをフローチャートにして、分析することもできます。

　実際には、例えば、司法試験の法律問題の適合、不適合の判別に使ったり、外科手術の手順をまとめたりするときなどに活用されます。その場合は、ラインはデータの流れではなくて、時系列といって時間の流れを示して使います。

分岐の練習問題2の解答例

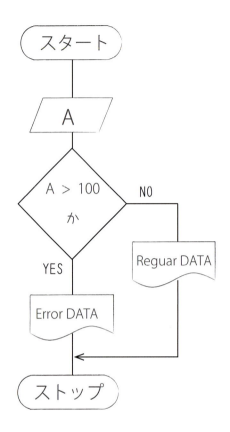

　変数Aに任意の値を入力したら、100より大きいか（大きい時はYES）、それとも等しいか、小さいか（大きくない時はNO）、という単純な分岐のプログラムです。

　この程度のことなら、パソコンよりも人の方が早く解けますね。

例題 6

次の任意の3つの値を入力したとき、3つの中で一番大きい数を表示するフローチャートとプログラムを作りなさい。

```
10    INPUT   A
20    INPUT   B
30    INPUT   C
```

ヒント

3つの値は、任意なので、9と100を比較することになるかもしれないし、9999と9998.9のようなほとんど差のない値かもしれません。

あるいは、マイナス値で-1.004と-1.003を比較することなるかもしれません。パソコンで扱う数値を実数といいますが、この方法を使えば、無限にある実数やたくさんあるデータの中から、一番大きな値を見つけることができます。

プログラム言語で考えると、思いつきませんが、フローチャートで考えると、わかります。

追加説明

プログラミングの手順を使って、問題解決することを**アルゴリズム**といいます。「**任意の3つの値から一番大きな数を見つけ出すアルゴリズム**」というように使います。

例題6の解答例

最初に入力された数値を、いったん最大値と見立てて格納し（例えば、変数M）、2番目以降の数値と、見立てた最大値Mと比較します。

2番目の値がMよりも大きければ、2番目の値をMに格納し、小さければ、そのままにして3番目と比較します。

フローチャート

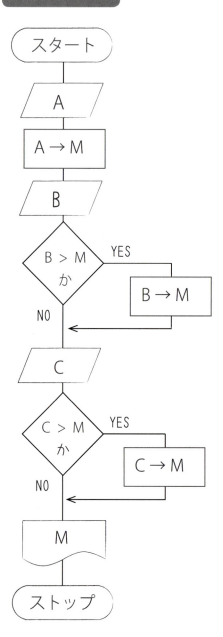

解説

最初に入力された値を最大値Mとして格納します。

次に入力された値と最大値Mと比較して、Bの方が大きい時はMにBの値を格納します。そうでないときは、次に進みます。

最後に入力された値と最大値Mと比較して、Cの方が大きい時はMにCの値を格納します。そうでないときは、変数Mを表示します。

プログラム

```
10    INPUT  A
11    M = A
20    INPUT  B
21    IF ( B > M ) THEN  M = B
30    INPUT  C
31    IF ( C > M ) THEN  M = C
500   PRINT "MAX= " ; M
600   END
```

「最大値を見つけるアルゴリズム」は、プログラミングの定石（決まりきった手順）の一つです。

　この定石を十分に理解して自分のものにできた時には、自信をもってプログラミングのコツをゲットできた、と思ってください。

　この定石を使ってこれからの難問を解決していくことになります。

　ちなみに、上のプログラムを次のように書いても結果は同じになります。

```
10    INPUT  M
20    INPUT  B
21    IF ( B > M ) THEN  M = B
30    INPUT  C
31    IF ( C > M ) THEN  M = C
500   PRINT "MAX= " ; M
600   END
```

4の2　READ命令とGOTO命令

📄 READ命令

　フローチャートで入力は、平行四辺形の中に変数などを書き入れました。その場合は、INPUT命令でキーボードから数値を入力することを示していましたが、入力命令はそればかりではなく、**READ**という命令を使ってプログラムすることができます。

　次のプログラムを入力してみましょう。

プログラム

```
10    DATA 100 , 2020 , 300
20    READ A
30    PRINT "First DATA = " ; A
500   END
```

これを実行すると
　　　First DATA = 100
と表示されます。
　今回、登場したREAD命令とは、どのような命令なのでしょうか。

READ命令

　パソコンは、READ命令を読むと同時に、プログラム文の中にDATA文がないか探します。DATA文があれば、DATAの文字の次に書かれている数値を順に読み取ります。

先ほどのプログラムを見てみましょう。

READ A と書かれていたら、行番号 10 にある DATA 文から読み取った一番目の数値 100 の値を、変数 A に格納します。

DATA 文は、プログラム中のどこにあってもいいことになっています。

では、残りの DATA の 2020 と 300 を READ 命令を使って、呼び込むにはどうしたらいいでしょうか。

答えは、3 個データがあるので、READ 命令を 3 回実行するように追加する、です。プログラムは次のようになります。

プログラム

```
10   DATA 100 , 2020 , 300
20   READ A              ←------- DATA 文の1番目の数値を
                                  読みなさい
30   PRINT " First DATA = " ; A
40   READ A              ←------- 2番目の数値を読みなさい
50   PRINT "Second DATA = " ; A
60   READ A              ←------- 3番目の数値を読みなさい
70   PRINT "Third DATA = " ; A
500  END
```

DATA が 100 個とか 1000 個になったら、どうしたらいいでしょう。プログラムの行数は、データの数だけ必要になります。

そこで、登場するのが GOTO 命令です。

GOTO 命令

GOTO 命令

GOTO 行番号　　と書いて使います。

パソコンは GOTO 命令を読み取ると、GOTO の次に書かれている数値を読み取り、その数値の行番号のプログラムを実行します。

さっそく使ってみましょう。

まず、先ほどのプログラムの行番号 30 を次のように書きかえて、

プログラム

```
10   DATA 100 , 2020 , 300
20   READ A
30   PRINT " DATA = " ; A
500  END
```

とします。

このプログラムに、行番号 35　GOTO 20 を入れます。

プログラム

```
10   DATA 100 , 2020 , 300
20   READ A
30   PRINT " DATA = " ; A
35   GOTO 20          ◀------------ 行番号 20 にジャンプしなさい
500  END
```

つまり、GOTO 20 を入れたことで、『行番号 35 まできたら行番号 20 にジャンプして数値を読み取る』ことを繰り返すことになります。

このプログラムを実行すると次のようになります。

■　実行結果

>run

DATA = 100

DATA = 2020

DATA = 300

　　　　Out of Data _ in line 20

ウインドウズでは、警告音（ビープ音）とともに

　　　　Out of DATA in 20

と表示されるでしょう。

Out of Data _ in line 20　は、エラーではありませんが、警告文といわれている注意です。データは3つしかないのにGOTO命令とREAD命令によって、4つ目のデータを読もうとしたからね、とでもいうべきパソコンからの忠告です。

これまでのところをフローチャートで描くと次のようになります。

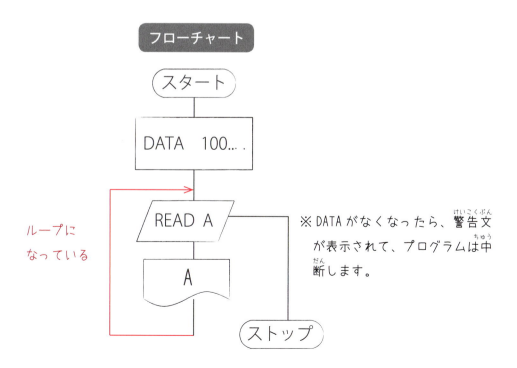

GOTO命令を使って、手順をさかのぼることを示すには、図のように、ラインを戻したい命令の前に引きます。そのときのルールとしては、必ず矢印を入れることになっています。矢印がないと、戻り先がわからないからです。

　このように、GOTO命令を使って、プログラムを繰り返すようにすることをループとかループ構造といいます。ループとは同じことを繰り返すという意味です。先ほどのプログラムでは、プログラム文の行番号20と行番号35のGOTO命令の間がループになっています。

ループを止める方法

　データが3つしかないのに、GOTO命令で4つ目を読もうとしたところDATA文にはもうデータがない、という警告文を受けたわけですから、4つ目のデータを読む前にGOTO命令を止めると警告文は出ないでしょう。

　つまり、『4つ目に入る前にもう終わりだよ』と知らせるプログラムを書けば、警告を受けないプログラムにすることができます。

　ループをプログラムで止める方法には、EODを使う方法とカウンタを使う方法の2つがあります。

EODを使う方法

　1つは、DATA文の最後に終了を示す値を入れ、その値を読んだらすぐにGOTO命令から外れる、という方法です。

　例えば、DATA 100 , 2020 , 300 , 9999 として、9999を終了を示す値にします（終了を示す値のことを **End Of Data** 略して **EOD** といいます）。

　しかし、この方法には限界があります。終了を示す値をDATA文の中で使うことができない、という欠点をもっているからです。

EODを使ったプログラムで、警告文が出ないプログラムに作り変えてみましょう。

プログラムを作る時のポイントとしては、まず、フローチャートで考えます。

新しくフローチャートを作り、できたフローチャートをえんぴつでなぞりながら、手順にまちがいがないか確かめます。

まちがいが見つかった時には修正をいれ、実行してみます。フローチャート定規とコーディング用紙（コーディング用紙がないときは、ノートでもOK。）を使って書いてみよう。解答例は、P111にあります。

カウンタを使う方法

ループを止めるもう一つの解決方法は、カウンタを使う方法です。

この方法については、次のセクションでくわしく説明します。

ループから抜け出すことや緊急的にプログラムを止めることを**コントロール**または**制御**といいます。

ループを制御できなくてずっと続けたままでいると、パソコンは壊れてしまうことがあります。制御していないループを**無限ループ**といいます。

もし、制御に失敗して無限ループになった時は、キーボードのescキーを押すか、マックの場合は⌘キーを押したまま「.」（ピリオド、小数点）キーを押すと、強制的にプログラムが止まります

ここがポイント！

強制的に実行しているプログラムを止めるには、

MacOSでは、⌘キーを押したまま、小数点（ピリオド）キーを押す。

escキーがあれば、escキー。

ウインドウズは、どれもescキー。

> プログラムを強制的に止めることを、ブレーキ (Brake) ともいいます。自転車や自動車のブレーキと同じですが、日本語では blake と break のちがいが聞き取れないので、blake を break（ブレーキ）と同じに使っています。

GOTO 命令を使うと、どんなプログラムでもできます。

しかしながら、プログラム言語の長い歴史の中で、GOTO 命令は、プログラム教育用に解説するだけにとどまるようになりました。

その理由は、GOTO 命令を使うと、そのプログラムを作った人でない限り、不明な点が多くなる。複雑になって、他者に説明できないスパゲティ・プログラムと批判されました。

そうして、作ったプログラムの改良ができない、メンテナンスが難しい、ということから、GOTO 命令はできるだけ使わないようにしよう、ということになりました。その代わりに、行番号にたよらない開発言語や Lesson5 で学ぶ FOR-NEXT や WHILE が作り出されました。GOTO 命令を使わないプログラムを**構造化プログラム**といいます。

しかし、プログラミングの初心者は、プログラム言語の原点を理解するために、GOTO 命令の説明や使い方、仕組みを知っておく必要があります。

なぜなら、『構造化プログラム』が当たり前の今でも、GOTO 命令を緊急的に使うこともあり、GOTO 命令を使ったプログラムは、健在だからです。

4の3 ループの定石

GOTO命令を使って、同じ処理を繰り返すことをループといいます。

ループは、どこで繰り返し処理を止めるか、というブレーキと一緒に使います。

ここでは、ループにブレーキをかけるためのカウンタを使う方法を説明します。原理をフローチャートで説明しますので、定石として理解しておきましょう。

> **追加説明**
>
> 『カウント』と『カウンタ』のちがいは？
> カウントは回数を数えること。カウンタは何回カウントしたかを格納する変数のことを指します。混乱しないようにしよう。

ループの基本形1

ループの基本形1は

初期値 → 判断 → 処理 → カウント

です。次のセクションで習うFOR-NEXT型ループといいます。GOTO命令がわかったところで、次は、カウントについて学びます。

カウントをとる方法

フローチャートの「初期値」（ループに入る前）が、

10　N = 1

とします。Nには、1が格納されます。

次に

20　N = N + 1

が実行されると、Nの最終的な値は、2です。

ループカウントは、これを利用します。

+1 増加するカウンタの説明

右辺で計算した結果の値を、左辺の変数が格納する

変数Nに2が格納されているとします。

10　N = 2

プログラムの「＝」の意味は、①右辺の値または右辺で計算した結果を、②左辺の変数に格納しなさい、ということです。

20　N = N + 1

で計算した結果、最終的にはNに3が格納されています。

このように+1ずつ増加したいときは、左辺に同じ名称の変数名を置いて、+1が1ずつ増加し、-1にすると、1ずつ減少する変数を、**カウンタ**といいます。

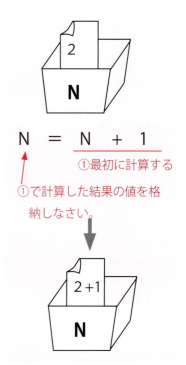

ループの条件式はどうかくの？

　　　カウンタの変数　＞　回数
　　　　　左辺　　　　　　右辺
　　　　　　　　　（ループを繰り返したい回数）

初期値N = 1として、処理を3回繰り返したいときは、フローチャートのひし形の中には、

　　　N > 3　　か

と書きます。

処理Aを3回繰り返すループを、フローチャートに描きます。どのように変数が変化するか1回1回見ることにします。

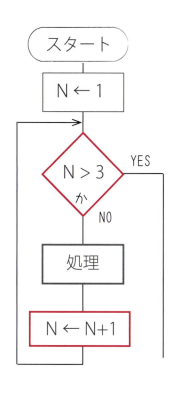

▶1回目

Nは1、条件式 1＞3 で、NOへ進む

　「処理」1回目を実行

Nは2に変化して、条件式に戻る

▶2回目

Nは2、条件式 2＞3 で、NOへ進む

　「処理」2回目を実行

Nは3に変化して、条件式に戻る

▶3回目

Nは3、条件式 3＞3 で、NOへ進む

　「処理」3回目を実行

Nは4に変化して、条件式に戻る

▶4回目

Nは4、条件式 4＞3 で、YESへ進む

ループを抜ける

ここがポイント！

　変数の値がループによって、どのように変化するか一つ一つ計算して調べることを、**トレース**といいます。

　他にも1減じて（1ずつ減少すること）0になったらループを抜ける、などの方法もありますが、登場するすべての変数の値がわかるのは、この書き方以外にありません。ループを理解するためには、トレースをしよう。

例題7 下のプログラムの DATA の

　　　　100 , 2020 , 300

をループを使って表示するように作り変えてみよう。

プログラム

```
10    DATA 100 , 2020 , 300
20    READ A
30    PRINT " DATA = " ; A
500   END
```

フローチャート定規を使って、フローチャートで考えてみよう。例題７のプログラム文は、最大のヒントです。

フローチャートとプログラムの解答は、P108 にあります。

先に模範解答として、追加プログラムを書きます。自分が作ったプログラムと比べてみよう。プログラムを実行して正しく表示しているか、確認をしてください。

模範解答

ループに使うカウンタの変数は、i とする。

```
11   i = 1
15   IF ( i > 3 ) THEN  GOTO 500
31   i = i + 1
35   GOTO 15
```

LIST 表示して、SAVE しましょう。とても重要なプログラムになるので、保存（例えば goto-loop）しておきましょう。

模範解答で書かれたプログラムを説明するフローチャートを、フローチャート定規を使って描いてください。ただし、自分が描いたものと同じ場合は、説明のためのフローチャートは描かなくてもいいです。

例題 7 のトレースの様子を下記にまとめました。理解を深めるために、後半の（　）の中に入る値や文字を埋めてみましょう。

【例題 7】のプログラムをトレースしてみます。

RUM 命令でプログラムが実行されたら、

- **行番号 11**　で　i　は、1 になります。
- **行番号 15**　で　1 > 3　は正しいか、条件式を判断すると **NO** なので、**行番号 20** の READ A を実行します。A には、最初の値 100 が格納されます。
- **行番号 30** を実行し、A の値 100 を表示します。
- **行番号 31** に進むと、右辺　1+1　の結果を i が格納するので、i は、2 の値になります。
- **行番号 35**　で GOTO 15 を実行し、**行番号 15** IF（i > 3）THEN GOTO 500 を実行します。

  条件式の i には、2 が格納されているので、2 > 3　は正しいか判断します。**NO** なので、**行番号 20** の READ A を実行します。READ は 2 回目なので、2 番目の 2020 を読みます。

- **行番号 30** を実行し、A の値 2020 を表示します。

- **行番号 31** に進むと、右辺　（①）+1　の結果を i が格納するので、i は、(②) の値になります。
- **行番号 35**　で GOTO 15 を実行し、**行番号 15**　IF　i > 3 THEN GOTO 40 を実行します。

  条件式の i には、(③) が格納されているので、(④) > 3　か、問います。NO なので、**行番号 20** の READ A を実行します。READ は (⑤) 回目なので、(⑥) 番目の (⑦) を読みます。

- **行番号 30** を実行し、A の値 (⑧) を表示します。
- **行番号 31** に進むと、右辺 (⑨) +1 の結果を i が格納するので、i は、(⑩) の値になります。
- **行番号 35** で GOTO 15 を実行し、**行番号 15** IF (i > 3) THEN GOTO 500 を実行します。

  条件式の i には、(⑪) が格納されているので、(⑫) > 3 か、問います。
  YES なので、**行番号** (⑬) にジャンプします。
  そうしてこのプログラムは、終了になります。

カウンタについて、理解できたでしょうか。
カウンタとループの基本は、【定石2】としてまとめておきましょう。

例題8 例題7で完成したプログラム（例えば goto-loop）を、
DATA　　100 , 2020 , 300
の3つの値を合計するプログラムに変更してみよう。

基本的なループがわかれば、次は、『**和の定石**』を学びます。
和とは、加算や合計のことです。ギリシャ語で**シグマ**といい、Σ記号を使います。
先に定石から説明します。

> 和を得るためには、ループ前に和の変数をクリアにし、カウントのように右辺（計算）と左辺（格納変数）の役割をまちがわないで書くことです。

クリアというのは、初期値をゼロにすることをいいます。クリアにしないと、合計値は保障がない値として扱われます。せっかくできたプログラムが、「このプログラムは信用できない。」と言われたくないですよね。

「合計の前には、クリアすること」とおぼえておきましょう。

フローチャートの概要を描いておきます。これを参考にして、新たな気持ちで合計値を出すフローチャートを描いてみましょう。

解答例は、P109にあります。

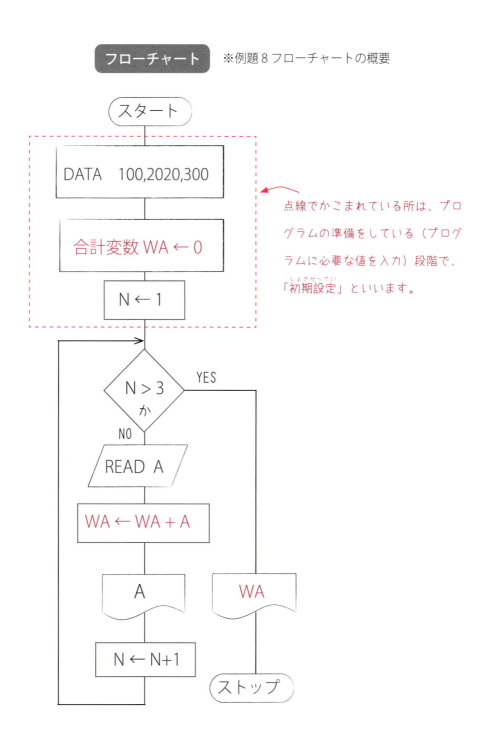

※例題8 フローチャートの概要

点線でかこまれている所は、プログラムの準備をしている（プログラムに必要な値を入力）段階で、「初期設定」といいます。

プログラム（例えば goto-loop）では、次のような追加プログラムを入れます。

```
12   wa  =  0
22   wa  =  wa  +  A
500  print "GOKEI = " ; wa
600  end
```

LIST して実行（RUN）し、合計値があっていたら goto-loop-wa という名称のプログラム名で保存しておきましょう。

・・

用語の説明

ループ（LOOP）

　プログラムを繰り返すことをループといいます。ループにはループを開始する起点と、ループを終了する終点があります。起点から終点までを**ルーチン**（ROUTINE）ということもあります。。

　同じような業務を繰り返すことをルーチンワークというのは、コンピュータ用語からきています。

ルーチン（ROUTINE）

　ルーチンには、メイン・ルーチン、サブ・ルーチンがあり、たいていは、メインが故障したときに作動するプログラムを**サブシステム（サブルーチン）**といいます。

　数行のプログラムには、メインもサブもありませんが、本格的なプログラムには、メインとサブの2つをもってシステムということがあります。

> ここが
> ポイント！

これまでのプログラミングの定石

- 『最大値を見つけるアルゴリズム』
  最初に入力された値を最大値 M として格納せよ。

- 強制的に実行しているプログラムを止めるには、
  MacOS では、⌘キーを押したまま、小数点（ピリオド）キーを押す。
  esc キーがあれば、esc キー。
  ウインドウズは、どれも esc キー。

- ループの基本形 1　（FOR-NEXT 型ループの基本）

  初期値　→　判断　→　処理　→　カウント

- 和を得るためには、
  ① ループ前に和の変数をクリアにし、
  ② ループ内にカウントのように右辺（計算）と左辺（格納変数）の役割をまちがわずに書く。

例題7の解答例

フローチャート

```
       スタート
          │
DATA  100,2020,300
          │
        N ← 1
          │
    ┌────▶│
    │     ▼
    │   ┌─────┐  YES
    │   │N > 3│─────┐
    │   │ か  │    │
    │   └─────┘    │
    │    NO        ▼
    │     │     ストップ
    │   READ A
    │     │
    │     A
    │     │
    │  N ← N+1
    │     │
    └─────┘
```

プログラム

完成したプログラム GOTO-LOOP

```
1    rem **** GOTO - LOOP ****
10   data  100 , 2020 , 300
11   i  =  1
15   if ( i > 3 )  then  goto 500
20   read a
30   print "data =  " ; a
31   i  =  i+1
35   goto 15
500  end


>run
data= 100
data= 2020
data= 300
```

■プログラムのトレースの解答

① 2　② 3　③ 3　④ 3　⑤ 3　⑥ 3　⑦ 300　⑧ 300　⑨ 3
⑩ 4　⑪ 4　⑫ 4　⑬ 500

例題 8 の解答例

プログラム

完成したプログラム GOTO - LOOP - WA

```
1    rem    ****  GOTO - LOOP - WA  ****
10   data   100 , 2020 , 300
11   i  =  1
12   wa =  0
15   if  ( i > 3 ) then goto 500
20   read  a
22   wa  =  wa + a
30   print  "data = " ; a
31   i  =  i + 1
35   goto  15
500  print  "GOUKEI  = " ; wa
600  end
>run
data = 100
data = 2020
data = 300
GOUKEI  = 2420
```

【例題 8】 完成したプログラム GOTO - LOOP - WA

> プログラム

```
1    rem    *****  GOTO - LOOP - WA  ****
10   data   100 , 2020 , 300
11   i  =  1
12   wa =  0
15   if  ( i > 3 ) then goto 500
20   read  a
22   wa  =  wa + a
30   print  "data = " ; a
31   i  =  i + 1
35   goto   15
500  print  "GOUKEI = " ; wa
600  end
>run
data = 100
data = 2020
data = 300
GOUKEI = 2420
```

EODを使ってループを止める方法 P97

フローチャート

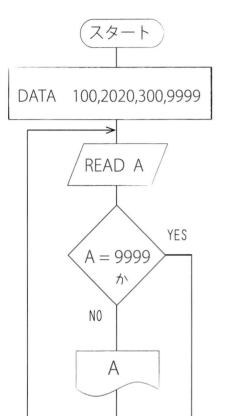

プログラム

```
1 rem    ****EOD****
10 data 100,2020,300,9999
20 read a
22 if a = 9999 then goto 500
30 print "data= ";a
35 goto 20
500 end

>run
data= 100
data= 2020
data= 300
```

※ data に EOD である 9999 がないときは、無限ループになります。無限ループにならないようにサポートするプログラムを別途作っておく必要があります。

追加説明

分岐命令 IF 文の中の条件式を入力するカッコ（　）は省略することができます。

- IF （条件式） THEN　処理A　ELSE　処理B
- IF　条件式　THEN　処理A　ELSE　処理B

Lesson 5

ルー プ

　ループ・プログラムができるかどうかが、プログラミングの上級者の第一歩です。

　ループには、いくつかの種類がありますが、どれも必要な技術です。

　この本では、GOTO命令を使ったループで、ループの原理を理解します。さらに、GOTO命令とカウンタを使った原始的なループから、FOR－NEXT型へと発展し、WHILE型とのちがいを学びます。

　膨大なデータを、プログラムを使って変換し、集計するようになると、「プログラムは現代の魔法である」ということを体験することができます。

5 の1 FOR-NEXT 型ループ

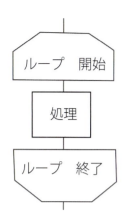

GOTO命令を使ったループの基本がわかったら、ループ命令であるFOR-NEXT命令が理解できます。

FOR-NEXT命令のフローチャート記号は左の図のように描いて、2つのループ記号で処理をはさみ込むようになっています。

FOR-NEXT命令とフローチャート記号

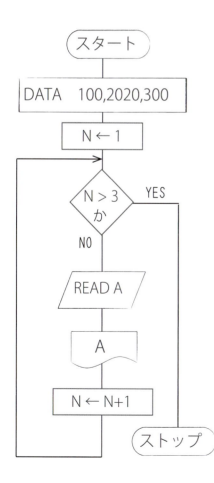

左のフローチャートは、Lesson4で学んだGOTO命令によるループです。

ループのカウントの変数名は、**N**です。
初期値は、1回目を示す**1**を格納しました。
回数は**3回**です。
処理後、カウンタは、**1づつ増加**しています。

FOR-NEXT命令は、次のように書きます。

> **FOR** 変数名＝初期値 **TO** 終了値 **STEP** 増分
>   処理
> **NEXT** 変数名

先ほどのGOTO命令を、FOR-NEXT命令の仕様（プログラム命令を使う時のルール）に合わせて書き直すことができます。

FOR-NEXT のフローチャート

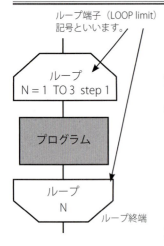

ループのカウントの変数名は、**N** です。

初期値は、**N=1** と書きます　回数は **TO 3** と書きます。**1 ずつ増加**する場合は、**STEP 1** と書きます。省略してもいいです。

お椀型のループ記号を**ループ端子**といいます。

早速、フローチャート定規を使って描いてみよう。

それができたら、先の例題 7 のデータ数を、5 個にした場合の例題 10 を FOR-NEXT 命令で解いてみよう。

例題 10 　下のプログラムの DATA の

　　　　100 , 2020 , 300 , 12345679 , 8

をループを使って表示するように作り変えてみよう。

プログラム

```
10    DATA 100 , 2020 , 300 ,12345679 , 8
20    READ A
30    PRINT " DATA = " ; A
500   END
```

FOR-NEXT 命令の仕様は、BASIC だけでなく、多くの開発言語で採用されています。

今度は 5 個のデータですから、ループも 5 回なので、カウント変数を N とすると、

FOR　N = 1　TO　5　STEP 1

　　　処理

NEXT　N

となります。例題 10 のフローチャートとプログラムを書いてみよう。

解答例は、P122 にあります。

文字列を示す $ (ダラ・ドル)

FOR-NEXT のループまでできるようになったら、ひと段落です。
ここでは、これまで取り上げてこなかった仕様に挑戦しましょう。
最初は『**文字列**』という単元です。

今までの変数は、数値や計算結果の数値が格納されてきました。しかし、変数名の後ろに$をつけると、その変数には数値ではなくて、文字が格納されることを意味します。

[例] A＄ ＝ " Today is " と書くと変数 A＄には、Today is という文字が格納されます。文字が格納されるところに数字を格納しても、数値とはみなされず、数字という文字として格納されます。

文字（テキスト文）が格納されます

例えば、A＄ = "123" と書くと A＄には 123 が格納されますが、文字としての 123 なので、計算はできません。

このように、変数には数値が入る（計算ができる数字）場合と、文字が入る場合がありますが、変数に何を入れるか決めることを**型（タイプ）宣言**といいます。文字のことをパソコンでは、**アスキーコード**や**テキスト text** といいます。

ここがポイント！ 👉

【型宣言】 BASIC 言語の場合
・数値の場合　　変数名にアルファベット以外何も付けない。
・文字の場合　　変数名＄と書くと、文字として格納される。

※ 参考までに他の言語では・・・【C 言語の場合】
- **Cha 変数名**　のようにプログラムの冒頭で変数宣言を行います。Cなどの開発言語では、文字を**文字列、またはストリング**（string）ともいいます。

    [例]　char a;
    　　　 a = 'Today is';

割り算の余りを算出する　MOD

　数値計算は、/ ＊ － ＋ の他に、割り算をした時の余りを算出する MOD
があります。ダイレクトモードで MOD を試してみましょう。

[例]　7 MOD 3

の結果は、4になります。7÷3の商は1で、余りは4。つまり4が表示されます。

　今まで勉強してきたことを使って、次の例題に挑戦してみましょう。

例題11　任意の整数値を入力して、3で割った余りが

　　　　　1のときは、Tomorow will be fine.

　　　　　2のときは、Tomorow will be rainy.

　　　　　0のときは、Tomorow will be cloudy.

　　　を表示し、999が入力されたら、プログラムを終了するよう
　　　にプログラミングしてみよう。

ヒント

　手順を考えて、フローチャートにしてみよう。

　気を付けなくてはならないことは、Tomorow will be は同じで、
fine、rainy、cloudy の3種類を余りの値に合わせて表示すればいいでしょう。

　1回終わってもループにしておいて、999 という EOD が入力されたら、END
にジャンプさせる、という緊急脱出を使うのがいいでしょう。

　ここまでのヒントで、フローチャートとプログラムが完成できるようになった
ら、乱数に挑戦です。

　解答例は、P123 にあります。

例題12 1から100までの整数値を順番に生成し、生成した値が3の倍数のときは、その数値の右側に *** を表示するプログラムを作ってみよう。

これも、手順を考えて、フローチャートにしてみよう。

1から100までの値を生成する、ということは FOR-NEXT 型ループを使うと簡単だよ。

解答例は、P 124 にあります。

・・

乱数　RND

乱数は、でたらめな数値が、次から次と生成されることをいいます。

乱数は、英語で**ランダム (random)** といい、**関数名は RND** です。

RND 関数は、0 以上 1 未満の範囲の値を返します。つまり乱数発生は、小数値を使うことになります。

乱数の生成方法は、メーカーによってちがいます。この本では、

■ Chipmunk BASIC の場合は、RND (1) と書くと乱数が生成されます。

■ 99BASIC の場合は、RND で生成されます。

プログラム中に、RND(1) または、RND があれば、そのたびに、乱数が発生されます。発生した乱数の値を、変数が格納して使います。

乱数は、プログラムのテスト用の値として活用されたり、ゲームに使われることが多いようです。例えば、トランプゲームのカードの配り方や対戦ゲームの技の順番などは、すべて乱数を使って法則性なく表示されています。

乱数の理解を深めるために、次のプログラムを入力してみよう。

Chipmunk BASIC では、

10　　A＝RND（1）

20　　PRINT A

30　　END

99BASIC では、

10　　A＝RND

20　　PRINT A

30　　END

　実行するたびに、

>RUN

0.556984

>RUN

0.689511

>RUN

0.418137

>RUN

0.275523

というように、実行ごとに乱数が生成されます。

これを 10 倍、100 倍などして、整数値のみを取り出し、INT 関数と合わせて使います。（例題 13 で取り上げています。）

ただし、これらの乱数は、疑似的な乱数です。数学的な乱数を人工的に生成することは、難しいことだけはお伝えしておきましょう。

例題13 乱数を発生させ、1000倍して整数値を取り出し、その値を3で割った余りが

　　1のときは、Tomorow will be fine.

　　2のときは、Tomorow will be rainy.

　　0のときは、Tomorow will be cloudy.

を表示するプログラムを作ろう。

ヒント

もちろん、手順を考えて、フローチャートにしてみよう。

ループする必要はありません。一回一回RUNして、確かめるところからスタートしてみよう。

解答例は、P125にあります。

例題14 例題13で作ったプログラムを、次のように変えてみよう。

　　1から120までのループを作り、その中でfineと表示された回数、rainyと表示された回数、cloudyと表示された回数、を算出するプログラムを作ろう。

ヒント

これも、もちろん、手順を考えて、フローチャートにしてみよう。

今度はループの登場だね。120個全部表示してもいいけど、カウントするだけなので、全部の表示は必要ないよ。

解答例は、P126にあります。

5の2　WHILE型ループ

GOTO命令を使うループは、FOR-NEXT命令に進化しました。

でも、パソコンは数値計算ばかりの計算処理が専門ではありません。データベースといって、計算以外に、文字検索や絞り込みといった作業も得意で、この場合はWHILE型ループを使います。

特に、データベースの検索システムをデータベースに組み込むためには、FOR-NEXT命令よりもこれから説明するWHILE型ループの方が一般的です。

WHILE型ループの欠点は、FOR-NEXT命令のような終了を書く必要がないので、そのままだと無限ループになってしまいます。なので、

WHILE型ループの終了は、プログラマが書く

これは、ループの定石としておぼえておきましょう。

WHILE型ループには2つあって、一つは「処理をしてからカウントする」方法と、もう一つは「処理をする前にカウントする」方法です。フローチャートで説明しましょう。

処理をしてからカウントする方法

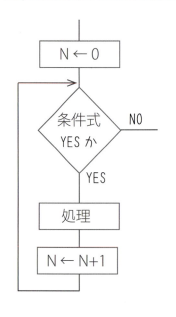

処理を行った後にカウントを取る方法のWHILE型ループの例です。

条件式には、カウンタの終点か、または、処理中の変数の変化値が条件を越えたかどうかを判断するときに使います。

例えば、データ数が不明という条件の中で、平均値や分散を計算しなくてはならないような統計処理、ループして計算する中で、条件となる値を超えると分かっているときなどに利用します。

処理をする前にカウントする方法

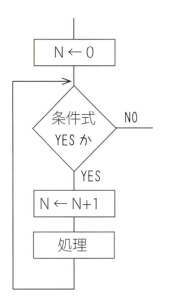

処理をする前にカウントを取る方法のWHILE型ループの例です。

条件式には、カウンタの終点ではなく、処理を繰り返しているうちに、条件を越えたかどうかを判断するときに使います。

例えば、合計が100を超えたときとか、EODを見つけたとき、というように、条件式が正しいときは（真）ループし、条件式が正しくないときは（偽）ループを脱出します。

例題15 1から100までの整数値を順番に生成し、生成した値が3の倍数のときは、その数値の右側に *** を表示するプログラムをWHILE型ループを使って作ってみよう。

ヒント

フローチャートを描くときは、カウンタに注意しながら完成しよう。

3の倍数は、「3で割り切れる数の場合には、...」と解釈すると難しくないよ。

解答例は、P127にあります。

例題 10 の解答例

プログラム

```
>list
10 rem*****ex10 FOR-NEXT*****
100 data 100,2020,300,12345679,8
110 for n = 1 to 5
120 read a
130 print "data = ";a
140 next n
500 end
>run
data = 100
data = 2020
data = 300
data = 12345679
data = 8
```

フローチャート

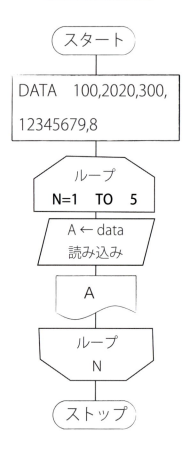

例題 11 の解答例

プログラム

```
>list
10 rem*****ex11 mod *****
11 c$ = "Tomorow  will  be  "
20 input n
30 if (n = 999) then goto 500
40    a = n mod 3
50 if (a = 1) then b$ = "fine."
60 if (a = 2) then b$ = "rainy."
70 if (a = 0) then b$ = "cloudy."
100 print c$;b$
110 goto 20
500 end
```

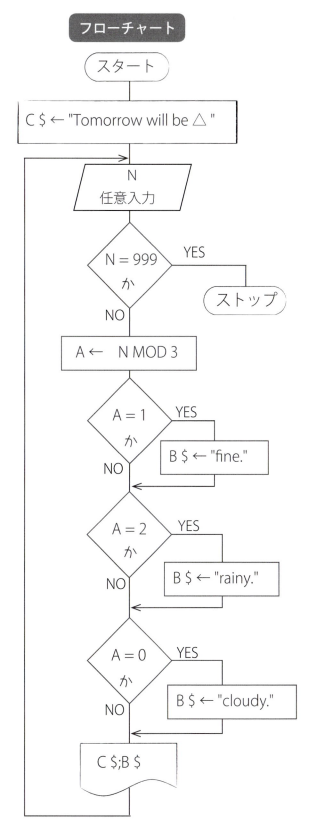

例題 12 の解答例

プログラム

```
10 rem****EX12****
20 i = 1
30 if i > 100 then goto 200
40    if i mod 3 = 0 then x$ = "***" else x$ = ""
50    print i;" no hantei ";x$
60    i = i+1
70    goto 30
200 print "END"
210 end
```

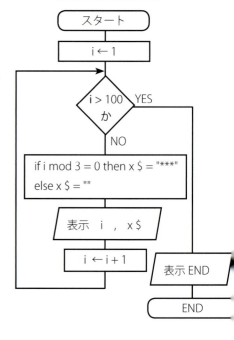

例題 12 を FOR-NEXT に書き直した BASIC プログラム

プログラム

```
10 rem****EX12 FOR_NEXT****
20 for i = 1 to 100 step1
40    if i mod 3 = 0 then x$ = "***" else x$ = ""
50    print i;" no hantei ";x$
60 next i
200 print "END"
210 end
```

※行番号 20 の step1 は省略可

※ IF を処理と考えて、ひし形ではなく長方形を使っています。

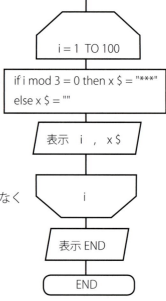

例題13の解答例

プログラム

```
>list
10 rem****ex13 random****
11 c$ = "Tomorow  will  be  "
20 n = int( rnd(1) * 1000 )
40    a = n mod 3
50   if (a = 1) then b$ = "fine."
60   if (a = 2) then b$ = "rainy."
70   if (a = 0) then b$ = "cloudy."
100 print c$;b$
500 end

>run
Tomorow  will  be  cloudy.
>run
Tomorow  will  be  cloudy.
>run
Tomorow  will  be  fine.
>run
Tomorow  will  be  cloudy.
>run
Tomorow  will  be  fine.
>run
Tomorow  will  be  rainy.
```

フローチャート

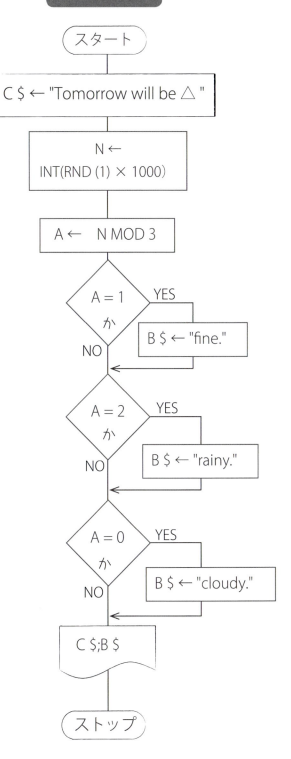

例題 14 の解答例

プログラム

```
>list
10 rem*****ex14 random loop
11 fine = 0
12 rainy = 0
13 cloudy = 0
18 for k = 1 to 120
20 n = int( rnd(1) * 1000 )
40     a = n mod 3
50     if (a = 1) then fine = fine+1
60     if (a = 2) then rainy = rainy+1
70     if (a = 0) then cloudy = cloudy+1
100 next k
110 print "Fine ";fine
120 print "Rainy ";rainy
130 print "Cloudy ";cloudy
500 end

>run
Fine 44
Rainy 37
Cloudy 39
>run
Fine 46
Rainy 34
Cloudy 40
```

フローチャート

スタート

fine ← 0
rainy ← 0
cloudy ← 0

k = 1 TO 120

N ← INT(RND(1) × 1000
A ← N MOD 3

A = 1 か — YES → fine ← fine+1
NO

A = 2 か — YES → rainy ← rainy+1
NO

A = 0 か — YES → cloudy ← cloudy+1
NO

k

fine の件数
rainy の件数
cloudy の件数

END

例題 15 の解答例

プログラム

```
>list
10 rem****ex15 while loop
100 i = 1
110 while i <= 100
120 a = i mod 3
130 if (a = 0) then print i;"***" else print i
140 i = i + 1
200 wend
500 end
```

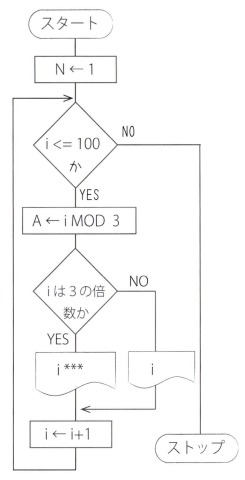

5の3　連立1次方程式の解法

社会人になって、連立1次方程式を解くようなことってあるでしょうか。よく聞く質問です。答えは **YES** です。

建築関係の仕事をする場合は、構造計算などでよく使います。

普段の生活の中で使うようなことは、あまりありませんが、例えば、同じ方角に進んでいる徒歩の人（時速 6Km）に、後方 200 m はなれて走行している自転車の人（時速 20Km）が追いつくまでの時間を求める、というような時速の計算をする場面はよく見かけます。

というより、この問題は連立1次方程式を使うと解けるのではないだろうか、という発想ができることも、とても重要です。

連立1次方程式を解くことが楽しい人は、このような解決方法を提案し、解こうとするでしょう。

これから紹介する連立1次方程式の解法は、**クラメールの方法**といって、古くから伝わる解決方法です。

学校では、代入法といって、例えば

$$\begin{cases} 2x + y = 5 & \text{①} \\ x + 4y = 6 & \text{②} \end{cases}$$

を解く場合は、①を移行して

$y = 5 - 2x$ としこれを②に代入して
$x + 4(5 - 2x) = 6$ を解く。さすれば
　$x + 20 - 8x = 6$
　　　$-7x = -14$　となり
$x = 2$ を得る。これを①に代入し y を求める。
　$2・2 + y = 5$
　$y = 5 - 4$　よって $y = 1$
　答えは　$x = 2$　$y = 1$

と習うでしょう。

パソコンは、そのままでは連立1次方程式を解くことはできません。

連立1次方程式が解けるように、プログラムする必要があります。このとき、代入法(だいにゅうほう)をプログラムで行うことは、不可能です。そこで、古くから知られている**クラメールの方法**を使います。

クラメールの方法を使って同じ連立一次方程式を解いてみます。

$$\begin{cases} 2x + y = 5 & ① \\ x + 4y = 6 & ② \end{cases}$$

【手順1】係数(けいすう)だけを並べます。

　　2　1　5
　　1　4　6

【手順2】係数をたすき掛(が)けをして分母(ぶんぼ)を計算します。

　　2　1　　5
　　　✕　　　　　$2 \times 4 - 1 \times 1$　……　これが**分母**(ぶんぼ)
　　1　4　　6

【手順3】次に分子(ぶんし)を計算します。

　　2　1　5
　　　　✕　　$5 \times 4 - 1 \times 6$　……　これが**分子**(ぶんし)
　　1　4　6

【手順4】これで x の値は、

$$\frac{5 \times 4 - 1 \times 6}{2 \times 4 - 1 \times 1} = \frac{14}{7} = 2$$

【手順5】x の値が出たので、① に代入して y の値を計算します。

　　$2 \times 2 + y = 5$　　よって $y = 1$

プログラムでは、クラメールの方法を使い、方程式の係数(けいすう)を順に入力することで解を自動的に算出することができます。例題16でやってみましょう。

例題 16　次の連立1次方程式を解くプログラムを作ってみよう。

① $\begin{cases} 2x+y=5 \\ x+4y=6 \end{cases}$
② $\begin{cases} 3x-y=3 \\ -2x+3y=5 \end{cases}$
③ $\begin{cases} -2x+4y=3 \\ 3x+4y=2 \end{cases}$

ヒント

先に解を書きます。その通りに自動計算されれば、フローチャートとプログラムは正解です。

クラメールの方法を使います。

クラメールの解法の原理は、高等数学で逆行列として学びます。

プログラムで、例えば、2、1、5 というように係数を1行で入力するためには、

10 INPUT "a,b,c", A , B ,C

と書いて、実行したときは、

a,b,c と表示され、2,1,5　と入力すれば、変数 A , B , C にそれぞれ格納されます。これを利用して、

$\begin{cases} a1\,x+b1\,y=c1 \\ a2\,x+b2\,y=c2 \end{cases}$　として係数を表示することにし、

係数の入力プログラムは、

10　　INPUT "a1 b1 c1 ?", a1 , b1 , c1
20　　INPUT "a2 b2 c2 ?", a2 , b2 , c2

と書いてスタートすることにしましょう。

解答例は、P139 にあります。

【例題 16 の解】

① $\begin{cases} x=2 \\ y=1 \end{cases}$
② $\begin{cases} x=2 \\ y=3 \end{cases}$
③ $\begin{cases} x=-0.2 \\ y=0.65 \end{cases}$

5の4　2次関数と2次方程式の解法

　社会人になって、連立1次方程式を解くようなことってあるでしょうか、という質問と同じように、2次方程式なんか、解くようなことがあるのかなあ、と聞かれます。答えは **NO** です。

　土木関係、建築関係などかなり専門的な分野では、2次であれ3次であれ、方程式の解と関数の技能は、必ず必要です。

　統計学や推計学を使う心理学、社会学も2次方程式と2次関数の知識は必要です。

　しかし、2次方程式の解は、普段の生活にはほとんど必要がありません。

　なぜなら、日常生活には、2次方程式や2次関数で解かなくてはならないような問題がないからです。

　しいて言うなら、城の石垣の縁、棟の鉄骨、ホームランを打った時の球の軌跡 …. があります。でも、これも日常生活に必要なこととはちがうかな。

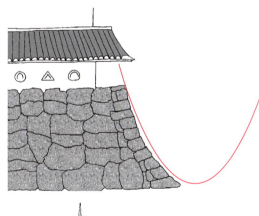

戦国武将は、2次曲線上に石を積んだ方が、直線型の積み方より、優れて丈夫であることを悟っていました。

今でも石垣の縁の写真を撮って、縁曲線を割り出すこともできます。

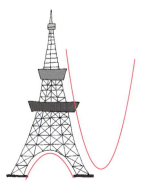

エッフェル塔やテレビ塔の足組は、いたるところ2次曲線でできています。

これも、塔の重量や強度計算の結果から2次曲線の応用として考えることができます。

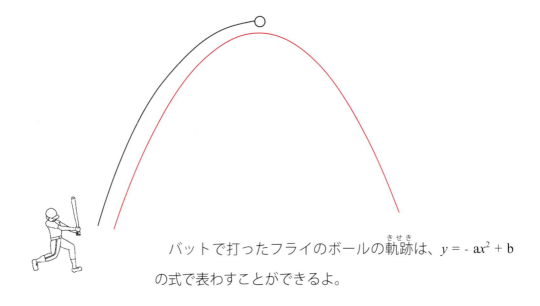

バットで打ったフライのボールの軌跡は、$y = -ax^2 + b$ の式で表わすことができるよ。

　２次方程式の解の公式が、中世に発見されて、何百年もたつのに、いまだに解の公式を学習させられるのは、「解の公式にいたるまでの過程」があまりにも感動的だからです。その感動的な話は、別の機会に紹介することにして、今は、プログラムの題材として説明しましょう。

　中学の数学では、解の公式を使って解をだす他に、因数分解による解の算出方法を学びます。
　プログラムを使って解くには、連立方程式の時と同じように、２次方程式を因数分解で解くこともできます。しかし、その場合、組み立て除法を使うことになり、この本の範囲を超えてしまいます。
　そこで、この本では、解の公式をプログラムすることになるのですが、中学では虚数を範囲としないため、判別式の段階で「解なし」を表示します。そこがポイントになります。

例題17 次の2次方程式を解くプログラムを作ってみよう。

$ax^2 + bx + c = 0$ ($a \neq 0$) とし、判別式 $D = b^2 - 4ac$ とすると、

解の公式は

$$x = \frac{-b \pm \sqrt{D}}{2a}$$

ただし判別式 $D \geq 0$ とする。

ヒント

連立方程式の時と同じく、いったん係数だけを取り出します。

係数の a、b、c の順に、値を入力したら、解が表示されるように作ってみましょう。解の公式の中のルートの中の式 $b^2 - 4ac$ の式のことを**判別式**といいます。たいていは判別式は、$D = b^2 - 4ac$ と書かれ、D＞0 は、解あり。D＝0 は、重解。D＜0 は、解なし、と判定します。

フローチャート定規を使って、フローチャートとプログラムを作ってみよう。

BASIC プログラミングで、a,b,c の係数を同時に入力するときは、

10　INPUT　"a,b,c", a , b , c
20　PRINT a ; b ; c
＞RUN
a,b,c1,2,3
1 2 3

のように、INPUT 命令で","カンマを使って変数を並べ、実行時の時に値と値の間を","カンマで区切りながら入力すると、クラメールのプログラムでやったように、それぞれの変数に値が格納されます。

解答例では、1 行づつ係数を入力する方法を採用しています。

例題17の解答例

フローチャート

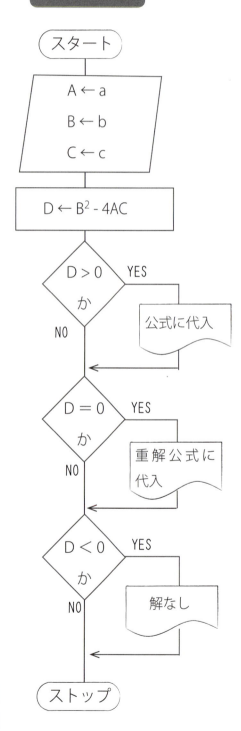

プログラム

```
>list
1   rem*******kai*****
100 input "a= ",a
101 input "b= ",b
102 input "c= ",c
110 d = b ^ 2 -4   * a * c
120 if (d > 0) then
130 print "x1= ";(-1 * b - sqr ( d )) / ( 2 * a)
140 print "x2= ";(-1 * b + sqr ( d )) /( 2 * a)
150 endif
160 if d = 0 then print "x= ";-1 * b / (2 * a)
165 endif
170 if d < 0 then print "Kai nasi"
175 endif
500 end
```

例題 18 例題 17 を使って、3 回まで解を算出するプログラムに変えてみよう。その時のメッセージは、

1 回目

　Solving the quadratic equation . Coefficien a,b,c Please.

2 回目

　Do you do it again ? Coefficien a,b,c

3 回目

　Give me a break, this is the end. a,b,c

4 回目

　It was the last time. Good-bye.

というメッセージを残し、終了する。

ヒント

　苦労したプログラムが、メッセージを使って表現されると、プログラミングはがぜん、おもしろくなります。

　例題 17 は、FOR-NEXT 型でもできますが、無限ループにならないよう注意して while 型で解いてみよう。

　問題を解く前の表示するメッセージを訳しておこう。

> Solving the quadratic equation . Coefficien a,b,c Please.
> 　（方程式を解くよ。係数 abc を入力してください。）
> Do you do it again ? Coefficien a,b,c
> 　（もう一回だって。係数 abc を入力せよ。）
> Give me a break, this is the end. a,b,c
> 　（勘弁してくれよ、これで最後だぜ。abc だ。）

　このように、ユーザーの入力に反応するメッセージを表示すると、プログラムは楽しさが倍増します。

例題 17 のような、完成したプログラムを、例えば 3 回繰り返す、というような場合は、サブルーチンという発想をします。

わかりやすく説明するためにフローチャートで説明します。

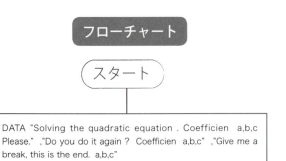

完成しているプログラム（例えば例題 17 の kai）を、別のプログラムに呼び出して使うことができます。

その場合、呼び出される側のプログラム（例題 17 の kai）を**サブルーチン**といいます。

また、サブルーチンのことを、**まとまった塊のプログラムを意味するモジュール**ということもあります。

サブルーチンを呼び出す側のプログラムを、**メインプログラム**とか、**メインルーチン**といいます。

メインプログラムからサブルーチンを呼び込むことを**コール（call）**といい、サブルーチンで計算した結果のことを、**リザルト（result）**といい、リザルトがメインに送られることを**リターン（return）**といいます。

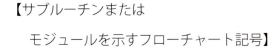

【サブルーチンまたはモジュールを示すフローチャート記号】

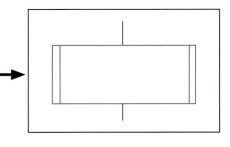

例題18の解答例

プログラム

1 rem ****go sub-kai*****

10 data "Solving the quadratic equation . Coefficien a,b,c Please.","Do you do it again ? Coefficien a,b,c","Give me a break, this is the end. a,b,c"

20 n = 1

25 while n <= 3

30 read a $

40 print a $

50 gosub 100   コール

60 n = n+1   リターン

70 wend

80 end

99 rem ****sub****

100 input "a= ",a

101 input "b= ",b

102 input "c= ",c

110 d = b^2-4*a*c

120 if (d > 0) then

130 print "x1= ";(-1*b-sqr(d))/(2*a)

140 print "x2= ";(-1*b+sqr(d))/(2*a)

150 endif

160 if d = 0 then print "x= ";-1*b/(2*a)

165 endif

170 if d < 0 then print "Kai nasi"

175 endif

500 return

例題17のプログラムを次のように追加変更します。

行番号500のENDは、returnにします。サブプログラムは、コールされた行番号からスタートして、returnがある行番号のところまでを実行し、メインに戻ります。

メインからサブをコールするときは、行番号50のようにGOSUB △行番号のように書いて、コールします。

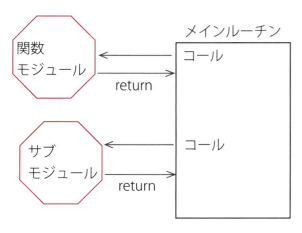

メインとサブ（関数）のイメージ

【用法】

[例] サブルーチン（サブプログラム）を呼び出していますが、全く稼働していません。

[例] サブからのリターンがありません。

[例] マスキングのサブルーチンをコールしていますが、バグのようです。

というように使うことがあります。

ただし、BASICでサブルーチンを使った処理をすることは、めったにありません。サブや関数をコールしてプログラムすのは、アプリケーションを作るためのObjective-CなどのC言語です。

データベース言語では、サブルーチンのようなモジュールのコールは、ありません。

例題16の解答例

フローチャート

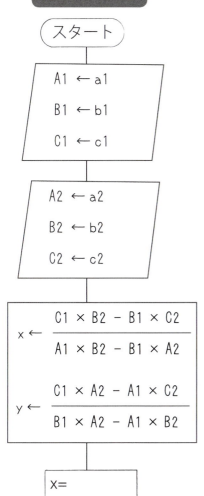

プログラム

```
>list
10 input "a1 b1 c1 ?", a1, b1, c1
20 input "a2 b2 c2 ?", a2, b2, c2
30 x = ( c1*b2 - b1*c2 ) / ( a1*b2 - b1*a2 )
40 y = ( c1*a2 - a1*c2 ) / ( b1*a2 - a1*b2 )
50  print "x= " ; x
60 print "y= " ; y
70 end
>run
a1  b1  c1 ?2,1,5
a2  b2  c2 ?1,4,6
x= 2
y= 1
>run
a1  b1  c1 ?3,-1,3
a2  b2  c2 ?-2,3,5
x= 2
y= 3
>run
a1  b1  c1 ?-2,4,3
a2  b2  c2 ?3,4,2
x= -0.2
y= 0.65
```

Lesson 6

配列
<small>はい　　　れつ</small>

　最後は、配列です。
　科学分野で使う数値計算や統計、ゲーム作成、人工知能のあらゆる分野で使われるのは、この配列です。配列を制する者は、プログラミングを制する、といってもいいでしょう。
　なので、中学生には難しいけど、配列までできるようになったら、プログラミングの基礎はばっちりです。
　あとは、その言語で使う特有のファイル操作や関数の使い方を学べばいいのです。
　Let's Try !

6の1　添え字操作と配列

この単元からは、中学レベル以上になります。

高等学校では配列変数という名称で、学習することになっていたようです。

でも、プログラミングやコンピュータ・サイエンスという分野から見ると、添え字と配列（配列変数）までを基礎としています。つまり、添え字と配列まで理解できたら、他の言語に挑戦しても理解できますが、添え字と配列がわからないままに他の言語に挑戦することは、アルゴリズムを考える上で混乱をまねくばかりでなく、良質なプログラムに到達することは不可能といえます。

最後の仕上げ、しっかり手と脳に記憶させ、練習しよう。

配列宣言　（P145 参照）

配列は、添え字操作のために使います。

最初に配列を使った変数の説明をします。

今までの変数は、AやNなどの一文字やBOXのように、主にアルファベットを使っていました。

配列の場合は、プログラムの初めにDIMという宣言をして使います。これを**配列宣言**といいます。配列宣言は次のように書きます。

この宣言文は、「変数Aを配列宣言してA(1)からA(2)、A(3)の3つを配列変数にします。」という意味です。（　）内の数値は、正の整数が入ります。（　）内の数値を**添え字（サフィックス）**といいます。3個使うので（　）内の数値は3になります。100個使うときは、A(100)と書きます。

つまり、今までの変数名に（　）をプラスして、（　）内に必要個数を書けば、配列宣言をすることができます。

配列変数の使い方

宣言文の書き方

変数に数字が入るときは、

 10　DIM　　A (100)

のように書きます。

変数に文字が入るときは、

 10　　DIM　　A $(100)

と書きます。

宣言後の利用方法

 20　　B = A + 1

変数 A に 15 という値が格納されているとしたら、変数 B には 16 が格納されます。これと同じように、

 20　DIM A(10)

 22　　　A(5) = 30

 30　B = A(5) +1

この結果は、変数 B には 31 が格納されます。

文字列の場合は次のようになります。

 10　　DIM　　A $(3)

 20　A $(1)　=　"I'm"

 30　A $(2)　=　" happy."

 40　　PRINT　A $(1)　+　A $(2)

 500　END

これを実行すると、

 >RUN

 I'm　happy.　　　になります。

添え字を変数で使う場合

宣言文

  10 DIM A (100)

の書き方に変更はありません。

 しかし、DATA 100,2020,300,401,505　のような5つのデータ文を配列に格納するときは、READ命令を5行書くのではなくて、5回のループを使って読み込むことができます。

```
1    REM  *****dim****
10   DIM   A(100)
20   DATA  100,2020,300,401,505
30   FOR   i=1  TO  5
40        READ  A(i)
50   NEXT  i
60     FOR  i=5  TO 1  STEP  -1
70          PRINT  A(i)
80     NEXT  i
100  END
```

これを実行したなら、

```
>RUN
505
401
300
2020
100
>
```

となります。

＜トレース＞

i = 1
READ A(1)　　A(1) には 100 が格納

i = 2
READ A(2)　　A(2) には 2020 が格納

i = 3
READ A(3)　　A(3) には 300 が格納

i = 4
READ A(4)　　A(4) には 401 が格納

i = 5
READ A(5)　　A(4) には 505 が格納

マルチステートメント

　プログラム命令は、文番号1つに対して1行が原則でしたが、「**:**」を使うと、1行に複数のプログラムを書くことができます。これを**マルチステートメント**といいます。

　先の例では、

プログラム

```
1    REM *****dim****
10   DIM   A(100)
20   DATA   100,2020,300,401,505
30   FOR   i=1   TO   5
40      READ   A(i)
50   NEXT   i
60     FOR   i=5   TO   1   STEP -1
70        PRINT   A(i)
80       NEXT i
90   FOR   N=1   TO   5   :   PRINT   A(n)   ;   :   NEXT   N
91   PRINT
100  END
```

を実行したなら、

```
>RUN
505
401
300
2020
100
100   2020   300   401   505
```

と表示されます。

行番号 90 の print　A (n)　;　の；（セミコロン）で横並びをして、行番号 91 の PRINT 命令で改行させます。すると、＞（プロンプト）は、行の最初に戻ります。

> **追加説明**
>
> 　配列宣言をすると、パソコンのメモリに配列変数のエリアがとられます。とりすぎると、メモリからはみ出すので、プログラム自体が実行しなくなります。
> 　昔は、メモリが高価だったので、配列宣言をするたびに、メモリエリアの計算をして、プログラムが実行するかどうか、予想しなければなりませんでした。
> 　DIM は、Dimension の略で、日本語では寸法や大きさを意味します。
> 　他言語では、DIM 宣言ではなく、INDEX を使うものもあります。
> 　添え字の suffix（サーフィックス）は、DIM でも INDEX でも、同じです。

これで、プログラム言語がもっている基本命令の紹介が終了になります。

後は、ファイル操作として、自動的にファイルからデータを読み書きする命令や、**ライブラリー**といって、開発用のプログラムや関数を読み込むプログラムが使えるようにれば完璧です。

ファイル操作の命令や開発用のライブラリーを使っての解説は、この本では行いません。機会があれば書くことにします。

この後は、基本命令を使って、コンピュータ独自の考え方を学びます。

練習用のデータ文は、109、75、204、24、38、19、154、11、20　の 9 個のデータを使います。

6の2　和と最大値の練習

例題20　DATA　109, 75, 204, 24, 38, 19, 154, 11, 20 の9つの値を逆に表示し、合計値を表示するフローチャートとプログラムを作ってみよう。

ヒント

和の定石は、Lesson5 で勉強しました。その定石を応用するだけです。

逆から表示は、前の添え字のところですでに紹介しています。添え字の値をマイナス1づつ減じれば、いいのでしたね。

最初は、プロジェクト用紙（なければノート）とフローチャート定規を使って、フローチャートを描き、フローチャートに確信がもてたら、パソコンに向かってプログラムしてみよう。

解答例は P148 にあります。

例題21　1から100までの自然数のうち、奇数の和を求めるフローチャートとプログラムを書いてみよう。

ヒント

配列を使わなくてもできます。ループの練習として、奇数の最初の値は1、ステップは2、とすると奇数ばかりになるね。これを利用すると解くことができるよ。

解答例は、P 149 にあります。

例題22 DATA　109 , 75 , 204 , 24 , 38 , 19 , 154 , 11 , 20 の9つの中で、24は降順(こうじゅん)（大きい順番に並べること）では、第何位になるかを求めるフローチャートとプログラムを作ってみよう。

ヒント

いったんDATAを配列に格納したら、順に24を比較します。最初は、一番大きい値としてみなし、24より大きい値があったら、カウントを1つ増加させます。

プログラムを正しく入力できたら、例題の答えは第6位になります。

解答例は、P149にあります。

例題 20 の解答例

※フローチャートは各自で確認しよう。

プログラム

```
1   rem****EX-20****
5     dim a(100)
6     wa = 0
10  data 109,75,204,24,38,19,154,11,20
20    for i = 1 to 9
30      read  a(i)
32      wa = wa + a(i)
40    next i
50    for i = 9 to 1 step -1
60      print a(i)
70    next i
80      print "GOKEI= ";wa
90  end
>run
20
11
154
19
38
24
204
75
109
GOKEI= 654
>
```

例題 21 の解答例
※フローチャートは各自で確認しよう。

プログラム

```
1 rem****EX21****
10   wa = 0
20 for i = 1 to 100 step 2
30      wa = wa + i
40   next i
50     print wa
70   end
>run
2500
>
```

例題 22 の解答例
※フローチャートは各自で確認しよう。

プログラム

```
10 REM****EX22*****
20 DIM A(9)
30 INPUT "DATA=  ",SELF
40 FOR I = 1 TO 9
50    READ  A(I)
60 NEXT I
70   CNT = 1
80   FOR J = 1  TO 9
90    IF A(J) > SELF THEN CNT=CNT+1
100 NEXT J
110 PRINT "DATA=";SALF;"JOUNI= ";CNT
120 END
130 DATA 109,75,204,24,38,19,154,11,20
```

解説

　データをいったん配列 A に格納します。自分（２４）の値が入る配列の添え字は４（４番目のデータ）とすると、ループを使って１つ１つ SELF の２４より大きい値がないか比較します。もしも、SELF より大きい値にであったら、順位カウントを＋１します。ループが終わった時点で SELF の順位が確定します。

6 の 3　ソートの練習

　値が大きい順、小さい順に並べることを、日本語で**並び替え**といい、英語では**ソート (sort)** といいます。

　ソートする方法は、いくつかありますが、パソコンにはソート専用のプログラムが組み込まれているので、プログラマがいちいちソートプログラムを作る、という必要はなくなりました。

　ここでは、ソートの考え方を学び、定石の一つとして身につけることを目的とします。

　ここでも練習用のデータ文、109、75、204、24、38、19、154、11、20　の9個のデータを使います。

例題 23　9個のデータ　109 , 75 , 204 , 24 , 38 , 19 , 154 , 11 , 20 を大きい順（降順）に並べて表示しするフローチャートとプログラムを作ってみよう。

ヒント

　最大値を見つける方法を繰り返します。最大値、2番目の最大値、3番目の最大値 .... というようにです。このように最大値を連続して計算し、順に並べる方法を、**直接選択法**といい、英語では **straight selection** といいます。

　ポイントは、最大値を見つけていくだけではうまくいかず、それを格納する空き箱のような変数を使えばうまくできます。

　解答例は、P 155 にあります。

解説

Lesson4で行なった最大値を見つける手法を使います。10個からなる配列を作ります。最後のA(10)は、いわば空き箱です。データを差し替えるときの避難場所です。データは9個ありますからN-1回のループで最大値を見つけながら差し替えます。昇順（小さい順）はこの逆をします。

＜手順＞

①配列にデータを呼び込みます。

②1回目のループで全部に対して最大値を見つけます。最初に1番目の109と2番目の75を比較します。1番目の方が大きいので変化なし。2番目と3番目では3番目の方が大きいので差し替えます。つまり、A(1) → A(10)、A(3) → A(1)、A(10) → A(3) という手続きをとります。A(10)の空き箱はこのような処理のために用意しました。

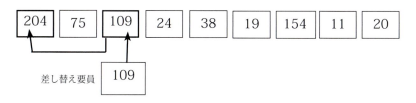

③これでA(1)には204が代入され、A(1)とA(4)の24とを比較します。A(1)が大きいので変化なく、以後A(9)まで比較を続けます。A(1)の204が最も大きいので、A(1)を確定します。

④2回目のループは、同じ要領で2番目に大きい数をA(2)に格納すればいいのですから、A(2)とA(3)を比較します。いきなりA(2)＜A(3)となって、②と同じくA(10)の空き箱を使って差し替えます。

⑤ A(2) を A(4)、A(5)、A(6) と比較していきますが、変わりありません。

⑥ しかし、A(2) ＜ A(7) でまた、差し替えることになります。A(2) には 154 が代入され、109 は A(7) に格納されてしまいます。

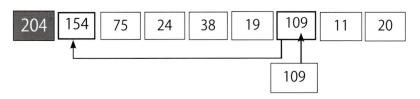

⑦ 3 回目のループは第 3 位を見つけます。A(3) の 75 と A(4)、A(5)、A(6) を順に比較しますが、変化はありません。

⑧ A(3) の 75 と A(7) の 109 は、ここで差し替えになります。

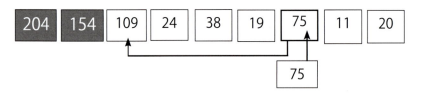

このようにして、差し替えを繰り返しながら降順にしていきます。

手続きを見てわかるように、順位を決めるループと差し替えを繰り返すループの二重ループになります。

追加説明

ソートには、この他にもバブルソートやシェルソート、クイックソートなどがあります。ソートの練習をすることで、コンピュータが行う処理方法がよく理解できます。

コンピュータ的な考え方が身についたら、いろいろな問題に挑戦して、アルゴリズムを楽しむことができます。

例題 24 大きい順（降順）に並んでいる9個のデータ 109, 75, 204, 24, 38, 19, 154, 11, 20に、新たな数値100を追加するフローチャートとプログラムを作ってみよう。

ヒント

すでに降順や昇順に並んでいる配列の中に割り込んで並べる方法を、**単純挿入法**といい、英語では stright insertion sort といいます。

自分（100）の居場所がわかったら、残りの配列データをシフトするという練習です。解答例は、P156にあります

プログラムを実行すると次のようになります。

■ 実行結果

```
> RUN
  204  154 109  75  38  24  20  19  11
  INSERT DATA =100
  204  154  109  100  75  38  24  20  19  11
```

解説

データの差し替えをするときに A(10) を空き箱として使っていましたが、変数であればいいので、わざわざデータを配列にしなくてもかまいません。しかし、配列の末端か添え字0番地に余分な配列要素を入れることで、より便利な利用ができます。これを、**番兵（標識、番人、sentinel）**といいます。今までの例では差し替え要員としての役割の番兵でした。単純挿入法は、その番兵をもっと有効に使う手法をとります。

この例題を発展させて、挿入法によるソートが理解できると思います。

＜手順＞

①配列Aを用意し、ソートしたデータをA(1)〜A(9)に呼び込みます。A(10)は番兵として独立した働きをします。

②変数Cに新しいデータ100を代入し、A(1)から比較を始めます。

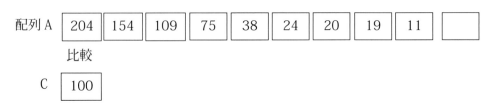

③変数Cは、A(4)の75が、自分より少ない数値であることを知ります。ここでループを使って、以後のデータを右にシフトします。

④番兵であるA(10)にA(9)の値を代入します。番兵はA(9)に引き継ぎ、A(8)のデータを代入して…というように、A(10)←A(9)、A(9)←A(8)、A(8)←A(7)、A(7)←A(6)、…A(5)←A(4)でシフトが完了します。

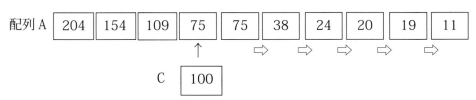

⑤シフトが完了したのをみはからって、A(4)に変数Cの値を代入して挿入が終わります。

例題 23 の解答例

※フローチャートは各自で確認しよう。

プログラム

```
10 REM****EX23*****
20 DIM A(10)
30 FOR I = 1 TO 9
40    READ  A(I)
50 NEXT I
60  FOR I = 1  TO 9-1
70     FOR J = I+1 TO 9
90 IF A(J) > A(I) THEN A(10)=A(I):A(I)=A(J):A(J)=A(10)
100    NEXT J
110 NEXT I
120 FOR I = 1 TO 9
130    PRINT  A(I);
140 NEXT I
150 PRINT
160 END
170 DATA 109,75,204,24,38,19,154,11,20
```

例題24の解答例　※フローチャートは各自で確認しよう。

プログラム

```
10  rem***ex24****
20  data 204,154,109,75,38,24,20,19,11    降順のデータ文。
30  dim a(10)                              変数Aの配列宣言。
40   for n = 1 to 9
50     read a(n)                           データを読みながら書きだしする
55     print a(n);" ";                     ループ。
60   next n
66     print                               カーソルを改行させるのに空打ち
70   input "insert data=";c                させる。
                                            変数Cに外部から入力。
80     for i = 1 to 9                      ここのループで自分Cよりも小
90       if a(i) < c then goto 500         さい値を順次見つける。
100    next i                              なかったらEND。もし自分Cよ
120    print "gaitounasi" : goto 1000      りも小さい値にであったら行番号
500    for j = 10 to i step -1             500へジャンプ。このときのiの
510      a(j) = a(j-1)                     値がポイント。
520    next j                              次々にデータをシフトさせるルー
530      a(i) = c                          プ。
540    for k = 1 to 10                     シフトが完了したらデータを挿入
550      print " ";a(k);                   する。
560    next k                              ここからは完了した配列を順に表
570    print                               示しているだけ
1000 end                                   空打ちをやって改行する。
```

■ 実行結果

```
run
 204  154  109  75  38  24  20  19  11
insert data=100
 204  154  109  100  75  38  24  20  19  11
```

6の4 多重ループと二元配列の練習

　ループの中にループを使うことを、**二重(にじゅう)ループ**といいます。

　二重ループ、三重ループ...と増やして使うことができます。

　これにともなって、配列も、A(100,100)と書くと縦100個、横100個のマトリックス（升目(ますめ)）として変数を考えることができます。

　添え字(そえじ)を(10,10)のように2つ書いて使うことを、**二元配列(にげんはいれつ)**といいます。

　変数は、A(1,1)から始まって、A(10,10)までの100個数の変数ができたことになります。

　同様に(100,100,100)のように3つの添え字(そえじ)がある配列は**三元配列(さんげんはいれつ)**といいます。これは100×100×100で1000000の変数を確保(かくほ)したことになります。

　平面や立体を表すためには、配列の概念(はいれつ　がいねん)を使います。将来(しょうらい)、2Dや3Dといった空間を作って、その中でプログラミングするような場合は、n元配列の練習をしておく必要があります。

　また、数値計算を統計(とうけい)で利用する場合は、分散分析や多重比率検定(ぶんさんぶんせき　たじゅうひりつけんてい)の次元の概念と一致(がい　ねん　いっち)させる必要があります。その場合は、n元配列とは言わず、配置(はいち)という言葉を使います。

例題 25 2つのサイコロを同時に投げて、出た目の和が6の倍数になる組み合わせを、すべて書き出すフローチャートとプログラムを書いてみよう。

ヒント

6の倍数は、6で割ったときに余りがない値と解釈できれば、解くことができます。

フローチャート

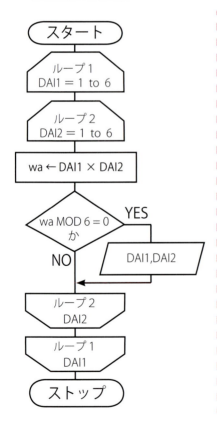

解説

　ループの中にループをもつような例の練習です。ループの終わりを示す終端に注意しましょう。

　6の倍数を、6で割って余りが0と解釈します。以前に行った余りを算出する練習のMODを使います。

　　MODの例　　A = 11 MOD 6
はAに5が格納されます。

　2つのサイコロを同時に振ることをイメージせず、1つのサイコロの目をDAI 1とし、2つ目のサイコロの目をDAI 2として、DAI 1のループの中にDAI 2のループを作って完成します。

プログラム

```
10   REM*****EX25  DAI****
20   FOR  DAI1 = 1  to 6
30     FOR  DAI2 = 1  to 6
40       WA = DAI1 * DAI2
50     IF WA MOD 6 = 0 then print "ANS (";DAI1;" , ";DAI2;" )"
60     NEXT DAI 2
70   NEXT DAI1
80   END
```

> **memo**
>
> 『プログラミングの道』
>
> 　プログラムを使って方程式の解を得たり、関数を試す分野を「数値計算法」といいます。
>
> 　工学、医学、科学の分野に進むならば、数値計算法を熟知していなくてはなりません。ガウスの掃き出し法や、ニュートン法や組み立て除法を使った高次方程式の解法、求積法などを基礎に研究します。確率、行列や数列もこれに加わります。
>
> 　この本で勉強したプログラミングに、商業的な知識が加わると、簿記や販売管理といったデータベースという分野に進むことができます。
>
> 　データベースは、商売ばかりでなく、役立つプログラミングの最先端にあります。膨大な資料を的確に短時間で検索するという文献整理の機能を使って、幅広い分野に応用することができるでしょう。
>
> 　この他にも、プログラミングが確率統計、推計学と結びつくと、人工知能やデータ解析の分野に進み、医療医学、行動科学などの研究に欠かせないツールとなっていきます。

6の5 インタープリタと
コンパイラについて

　この本で解説してきた BASIC 言語は、表計算ソフト（マイクロソフト社のエクセルやサンマイクロズ社のスプレッドシートなど）の数式と同じで、**簡易言語**といいます。

　簡易言語は、1 行 1 行パソコンに解読され、解読したことを実行します。

　このように 1 行 1 行パソコンに解読され、実行する言語のことを**インタープリタ型言語**といいます。

　インターネットで閲覧するホームページも、HTML という記号で書かれていますが、これもインタープリタ型言語です。

　インタープリタ型は、プログラムを丸ごともって歩かなくてはならない、という特徴をもっています。

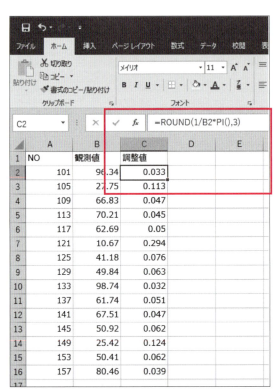

　左の図は、表計算ソフトであるマイクロソフト社の**エクセル**というソフトです。

　マスの中に数値や文字を入れて、計算することができますが、その計算式は、見ても分かるように BASIC がわかれば、式を作ることができるようになっています。

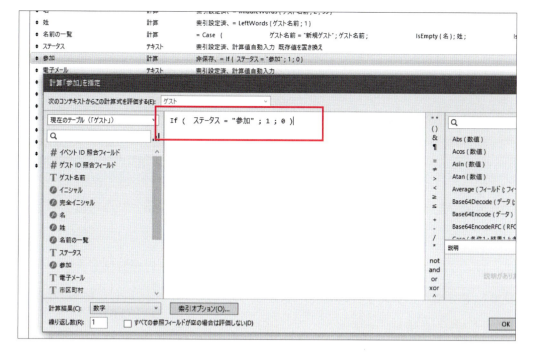

　上の図は、データベースソフトであるファイルメーカー社の**ファイルメーカープロ**というソフトです。

　フィールドの中に数値や文字を入れて、計算することができます。その計算式は、BASICを基準としていて、仕切る記号が『；』（セミコロン）を使います。

　この本で学んだプログラムを、他のパソコンで実行してみようとするときは、保存したプログラムを USB のメモリにコピーするか、ネットを使ってメールなどに添付するなどしなくてはなりません。

　ChipmunkBASIC のエディタは、他の画面からのコピー、ペーストが可能です。

　マイクロソフト社のワードや文字入力ができるテキストエディタであるなら、どんなソフトからでも、プログラムをコピーして ChipmunkBASIC の場面を選択して、ペーストすれば、ChipmunkBASIC で記述しなくても、プログラムとして編集できます（ウインドウズは、キーボードのコピー、ペーストを使います）。

　反対に、ChipmunkBASIC で記述したプログラムや実行結果を、選択して、コピーし別のエディタにペーストして、テキスト文として扱うことができます。

　ただし、全角が文の中にあると、文字化けします。

コピーされた先のパソコンや添付で送信されてきたファイルをロードして実行するためには、相手方のパソコンにも BASIC が解読できるソフトがインストールされていなければ、実行できません。

　行番号から始まる BASIC プログラムのことを、**ソース**といいます。インタープリタ型のプログラムは、ソースのまま持ち運びしなくてはなりません。しかし、ソースにでたらめな文を書いて手を加えると、エラーになるという特徴をもっています。

　一方、プログラミングして作ったソースを、パソコンだけが解読できる記号に変換して、パソコンにしか理解できないコードのファイルにしてしまうことを、**コンパイラ型言語**といいます。

　ファイルの拡張子が exe や app となっているファイルは、実行ファイルといって、何か解読できるソフトがなくても、実行ファイル自らが起動してプログラムを実行します。

　コンパイラ型プログラムは、プログラムを書いたら、コンパイラというソフトに解読させ、パソコンだけにしかわからない記号に置きかえます。パソコンだけにしかわからない記号というのは、16 進数の記号になることを指します。

　コンパイラは、パソコンごとにちがうので、ウインドウズで実行したときは、ウインドウズ専用のコンパイラを使ってコンパイルしなくては、実行ファイルにはなりません。

　コンパイラ型言語の代表的なものは、**COBOL**、**FORTRN**、**Pascal**、**C 言語**、**Objective-C** などがあります。

　コンパイラ言語にはコンパイラだけの掟があって、そのルールを理解するだけでは、プログラミングのだいご味は、わからないままになってしまうことが多いようです。

　コンパイルしてできた実行ソフトのことを**アプリケーション**とか、単に**アプリ**といいます。

プログラマは、インタプリタ型であれ、コンパイラ型であれ、両方ともよく知っていなければなりません。
　この本のはじめにもあるように、OSの種類によって「できる・できない」という、わけへだてがあることも、プログラマとしては不完全といえます。

　この本で学んだことは、コンピュータ的な考え方を使って、アルゴリズムを実演することです。並び替えや最大値を見つける方法などの例題を見ても分かるように、コンピュータのルールを使って、問題解決の方法を学びました。
　そのためには、問題となっていることを、いったんフローチャートに置きかえて図式化し、図式化したものをプログラムにして確認する、という練習が必要でした。

　十分に練習を積み重ねたならば、自分自身がコンピュータの立場に立って考えることができるようになります。
　コンピュータの立場に立つことができたならば、今度はプログラムを作るように依頼する人々の立場に立つことができます。
　もちろん、自分自身が依頼者になることもあるでしょう。つまり、自分自身を含めた依頼者が、プログラミングの水準を決めます。
　くだらないゲームは、くだらない依頼者とくだらないプログラマとの結集であり、人命を救うためのアプリは、崇高な人格をもった依頼者とプログラマの結晶です。
　そのようにアプリをとらえると、プログラミングはその人の人生と知性に直結していることがわかるでしょう。
　この本で学んだプログラミングの面白さを忘れず、是非、新しいツールに挑戦して、人々の心を豊かにするアプリを一つでも多く作ってほしいと願っています。

ウチの道場では、どうして入門が
BASICなんですか、校長！

「カンバーック　満」の巻

理由はいくつかある。
プログラムの最初に、変数の型宣言をしなくていいこと。
フローチャートにしやすいこと。代表的なソフトは、
BASICを使えることを前提としている
からじゃな。

僕もはやく、ゲームだとか
アプリを作ってみたいです。BASIC
じゃできない。Objective-Cとか、
データベースとか、そんなのやって
みたいです。

校長、オブジェクト指向って
なんですか。僕もそういうの挑戦し
たいです。人工知能って、プログラ
ムに関係あるんですか？

塾頭　満君
なかなか
いい質問じゃな。

オブジェクト指向型のプログラミングの基礎は、
CADやアドビのイラストレータ、3Dソフトそのもの
を極めなくてはならない。
オブジェクト型ソフトも分からんでプログラムに
挑もうとすることは、バカを見るだけなんじゃよ。

ところで...
プログラムを頼むのは、だれだい？満君。

うむ……
僕には想像もつきません。

農業や酪農業の人たち、社長さんや、歯医者さん、病院の院長、弁護士さん......
みんな、まじめに努力をしてきた人たちじゃよ。

だけど、
その人たちから信用されないと、
プログラムは任せてもらえないんだ。
プログラムは、その人たちの分身だからね。

人から信頼を勝ち取るための人柄になれというのですか。
技術だけでは、だめなんですか？？

人から喜ばれるには、
まず人から愛される人柄にならなくては、
始まらんぞ。

依頼したプログラマに、コンピュータ以外の知識や教養がどれくらいあるか。どんな人生経験を積んでいるか。長くつきあってもいい面白いプログラマなのか。自分の分身であるシステムをわかってもらえる人なのかどうか。

満君、それが愛というものじゃ。愛のない一流のプログラマなど、おらん！

校長！今の僕のままでは、全然だめだってことですね……

校長が教えてくださった、愛される人柄になるためにも、僕はここを旅立たなくてはならないのじゃないかと……… ずっと……
……… 考え続けていました。

林伍 一徹 校長！
長くお世話になりました。
今、僕は、ここを出る決心がつきました。

かくして、塾頭　窓満さんの送別会が行われました。

かん
完

あとがき

　この本ができるまでには、多くの方々からのご協力と励ましがあって、完成することができました。

　構成と漫画のアシスタントをしてくださいましたSASUKEさん、監修に付き合ってくださいました北海道大学大学院の小野哲雄教授、技術的なアドバイスをいただきました西門泰洋社長、英語アドバイスと漫画のヒントをいただきました工藤真一先生、私の無理をお聞きいただき、フローチャート定規を生産してくださいました有限会社山崎抜型の山崎隆之社長、ここには記載できませんでしたが、実に多くの方々に支えられてこの本が製作されました。

　この場をお借りしてお礼申し上げます。

　皆さん、本当にどうもありがとうございます。

中学プログラミング　付録　フローチャート定規

平成29年9月20日　　初版第1刷発行　　　　　　定価はカバーに表示してあります。

Ⓒ著作・発行者　蝦名　信英

発　行　所　サンタクロース・プレス合同会社

URL　http://www.santapress.me

住　所　北海道札幌市北区北３２条西２丁目3-22
　　　　　　　　センチュリー32　206号

郵便番号　001-0032

電話　011-758-6675（ファックスはありません。）

印刷所　株式会社サウザンラボ

URL　http://www.southernlab.jp

※落丁・乱丁本はお取り替えいたします。

Printed in Japan　ISBN978-4-9908804-3-9